만화로 보는 심리 법칙

만화로 보는
심리 법칙

강호걸 지음

효율적으로 일하고
유연하게 관계 맺고 싶은
**당신을 위한
45가지 이야기**

추천의 글

상담가로 살아온 지 12년 차, 어느덧 저는 성인 남녀 4만 4천여 명의 고민을 들었습니다. 어느 날 문득 이런 의문이 들더군요. '분명 사람들은 각기 다른 얼굴과 이름과 성격으로 살아가는데, 왜 이토록 고민은 비슷한 걸까?'라고요. 한국 사회를 살아가는 우리에게 가장 비중 있는 고민은 내 일터, 그리고 그 속에서의 관계일 겁니다. '분명 밖에서 만나면 선한 개인들인데, 왜 직장에 모이면 꼭 하나쯤 빌런이 생기는 걸까?', '나도 모르게 조직의 빌런이 되고 있지는 않을까?', '분명 어제까지는 잘 지내던 동료였는데, 내가 팀장이 되는 순간 멀어지는 이유는 뭘까?' 우리의 일상에서 가장 많은 비중을 차지하는 직장 생활, 그 속에서 나는 어떤 존재로 살아가야 할까요? '마음을 들여다보면 일도 관계도 쉬워진다'라는 저자의 메시지는 아주 간단하지만 핵심을 찌르는 정답입니다. "다~ 사람 사는 곳이야"라는 말, 한 번쯤 들어보셨지요? 어렵고 이해 안 되고, 왜 저러나 싶은 조직문화와 관계들 속에서 나 자신에게 '마음'을 공부하는 시간을 잠시 선물하는 것은 어떨까요? 나의 마음, 상대의 마음을 조금 더 파악할 수 있다면 엉망진창으로 엉킨 것 같은 실타래도 서서히 풀어 나갈 수 있습니다. 이 책은 어떤 복잡한 실타래라도 차근히 풀어내는 시작점이 되어 줄 것입니다.

- **장재열** 《마이크로 리추얼: 사소한 것들의 힘》 저자,
前 '청춘상담소 좀놀아본언니들' 대표, 現 월간 '마음건강' 편집장

서점에서 심리학책을 펼쳐 보면 어려운 인물이나 용어들로 가득합니다. '괜찮은 사람으로 기억되고 싶다면 어떻게 해야 할까?', '일을 잘하는 사람의 노하우는 뭘까?', '후회하지 않으려면 어떻게 해야 할까?' 이렇듯 단지 우리는 삶을 아주 살짝 개선하게 해줄 심리학을 원하는 것뿐인데 말입니다. 《만화로 보는 심리 법칙》은 이러한 갈증을 완벽하게 해소해 줍니다. 만화로 되어 있어서 읽기에도 쉽습니다. 이어지는 이야기로 구성되어 있어 맥락을 이해하기에도 좋습니다. 더불어 우리의 일상에 꼭 필요한 심리학 내용만을 엄선해서 삶에 적용하기에도 알맞습니다. 만약 여러분이 복잡한 심리학에 지쳤다면, 재미있게 심리학을 배워서 지금보다 나은 삶을 살고 싶다면, 이 책을 놓치지 않길 바랍니다.

- **최설민** 《양수인간》 저자,
85만 심리 채널 '놀면서 배우는 심리학' 대표

답답하고 막막한
회사 생활에서 나를 지키는 힘

　배우기만 하면 내 마음속 고민을 말끔히 해결하고, 알기만 하면 다른 사람의 마음을 읽을 수 있을 것만 같은 학문이 있습니다. 바로 심리학입니다. 저 역시 어떻게 보면 이와 비슷한 생각으로 심리학을 공부했는지도 모르겠습니다. '왜 나는 그때 그렇게 행동했을까?', '왜 항상 같은 실수를 반복하는 걸까?', '다르게 살 수는 없을까?' 제 자신에 대해서도, 다른 사람에 대해서도 너무나 궁금한 게 많았기 때문이죠.

　실제로 심리학을 공부하면서 평소에 가지고 있던 많은 궁금증을 해결할 수 있었습니다. 우리가 흔히 하는 생각의 오류, 인간이라면 반드시 하게 되는 행동이나 착각, 개개인의 성격 차이에서 비롯되는 서로 다른 결과를 보며 사람과 세상을 이해하게 해주는 놀라운 심리학의 세계에 빠져들었고, 자칫 잘못하여 대학원까지 가게 되었습니다.

　심리학을 본격적으로 공부하면서 아쉬웠던 점은, 이 많은 지식이 그저 논문 한 편으로만 남는 경우가 대부분이라는 사실이었습니다. 주변을 돌아보면, 우리가 살아가면서 겪을 수 있는 다양한 문제들에 심리학 이론이 하나의 정답을 제안할 수 있다는 걸 심심치 않게 마주합니다. 심리학은 인간의 마음과 행동을 연구하므로 그 어떤 학문보다도 우리 삶과 아주 밀접하지만, 그럼에도 제대로 알려지지 않고 널리 활용되지 못하고 있어 안타까웠습니다. 그래서 심리학을 더 많은 분들과 나눌 수는 없을지 고민한 끝에, 이런 생각을 하게 되었습니다.

'그렇다면 심리학이 가장 유용하게 쓰이는 곳은 어디일까?'

저 또한 아주 평범한 직장인이라 그럴지도 모르겠습니다만, 역시 회사 생활이 아닐까요? 직장인들에게 먹고 자고 이동하는 시간을 제외하면, 회사에서 보내는 시간이란 거의 하루의 전부를 의미합니다. 퇴근 후의 작고 소중한 여가 시간을 알차게 보내며 행복을 찾을 수도 있지만, 우리 삶에서 절대적으로 많은 비중을 차지하고 있는 회사 생활을 외면하고는 진정한 행복을 찾을 수 없습니다.

제가 처음 회사에 들어갈 때 지원한 직무는 심리학을 활용한 사업 아이템을 만드는 것이었습니다. 하지만 막상 회사에 들어가 보니 업무가 기대와 달라 적잖이 실망했죠. 퇴근 후에 글을 쓰고 만화를 그리는 것으로 해소해 보려 했으나, 마음속 답답함은 쉽게 사라지지 않았습니다. 하루에 8시간 이상을 보내는 회사 생활이 삶에 미치는 영향은 실로 거대했기 때문이죠.

　이런 문제를 한 방에 해결할 수 있는 가장 이상적인 길은 나와 잘 맞는 곳으로 이직하거나 퇴사를 하는 것입니다. 하지만 저를 비롯한 대부분의 직장인들은 지금 당장 그 길을 걷기 힘든 상황인 걸 잘 알고 있습니다. 당장 떠날 수 없다면, 결국 주어진 환경을 잘 헤쳐 나가는 게 하나의 해결 방법이 될 수 있습니다. 회사에서 업무를 더 효율적으로 하고, 인간관계를 잘 풀어 가고, 스트레스를 줄일 수 있다면 회사에서의 시간이 지금보다 조금 더 즐겁고 의미 있는 시간이 되지 않을까요?

　심리학은 이를 가능하게 해줄 수 있는 다양한 방법들을 이미 찾아 두었습니다. 다른 사람들과 더 원만하게 관계 맺는 방법, 업무를 더 잘하는 방법, 정확하게 의사 결정을 하고, 내 마음을 지키면서 일할 수 있는 방법 등을 말이죠. 저 역시 회사 생활의 다양한 문제에 심리 법칙들을 하나둘 적용하다 보니 확실히 회사 생활이 더 수월해졌음을 느낍니다. 제 주변만 둘러보아도 다양한 문제로 고통받는 직장인들이 많기 때문에, 실제 일상에서 유용하게 사용할 수 있는 심리 법칙들을 많은 분들과 함께 나눠 보고자 합니다.

　이 책에서는 제가 직접 겪었던 일을 포함하여, 일상에서 한 번쯤 마주쳤거나 마주칠 수 있는 45가지 상황을 꼽아, 이를 심리학을 이용하여 슬기롭게 헤쳐 나가는 방법을 그림과 함께 설명해 보고자 합니다. 물론 모든 상황에서 마치 마술을 부린 듯 심리학의 효과를 기대하기는 어려울 수 있습니다. 하지만 다양한 예시들과 함께 심리학 이론이 적용되는 원리를 알게 된다면, 세상을 바라보는 또 다른 눈을 뜰 수 있을 것입니다. 같은 상황에서 심리학을 몰랐다면 보이지 않았을 새로운 길들이 눈에 보이기 시작할 것이고, 그 길을 따라가다 보면 직장에서나 삶에서나 우리가 바라는 목적지에 도착할 수 있을 것이라 생각합니다. 심리학만이 우리가 만나게 되는 다양한 문제들의 해결책을 제시할 수 있는 건 아니지만, 심리학이야말로 우리의 삶을 풀어내는 데 가장 적합한 답을 제시하는 학문이라고 자신 있게 말할 수 있습니다. 이 책과 함께 심리학이라는 삶의 답지를 얻은 독자 여러분이 앞으로 다가올 삶을 지혜롭게 풀어 나갈 수 있기를, 답답하고 막막한 회사 생활에서 자신을 더욱 단단하게 지킬 수 있기를 바랍니다.

프롤로그
답답하고 막막한 회사 생활에서 나를 지키는 힘   6

1장 괜찮은 사람으로 기억되고 싶다면?

합격 확률을 높이는 면접 복장? _현저성 효과_   16
면접에서 가장 중요한 건 자기소개? _초두 효과_   23
동료와 친해지고 싶을 때 해야 할 일 _유사성 효과_   30
신입 사원은 정말 인사만 잘하면 될까? _단순 노출 효과_   36
회사에서 사적인 이야기를 할 때 일어나는 일 _자기노출_   42
실패할 것 같을 때 밑밥을 깔면 안 되는 이유 _자기불구화_   48
이유 없이 호감이 가지 않는 사람이 있다면? _자기충족적 예언_   56

2장 내가 원하는 것을 상대도 원하게 하고 싶다면?

무언가를 부탁하기 전에 먼저 해야 하는 일 호혜의 원칙   66
상대방은 나의 칭찬을 진심으로 받아들일까? 사소한 칭찬의 힘   72
어려운 부탁, 어떻게 쉽게 요청할까? 문간에 발 들여놓기 전략   78
불리한 건 아껴 뒀다가 나중에 보여 주자 낮은 공 기법   85
원하는 피드백을 이끌어 내는 방법 정교화 가능성 모델   93
상대의 동의를 구하는 가장 효과적인 방법 동조 효과   99
도움을 받았을 때 어떻게 보상하는 게 좋을까? 변동 비율 강화   106

3장 일 잘하는 사람은 어떻게 일할까?

매일 야근하는 사람들의 특징? 계획 오류   116
어떻게 실수를 줄일 수 있을까? 사고의 이중 과정 이론   124
하기 싫은 일을 빠르게 끝내는 법 자이가르닉 효과   130
술 마시면서 발표 준비를 하면 안 되는 이유 상태 의존 기억   136
번뜩이는 아이디어는 어떻게 생겨날까? 부화 효과   142
왜 다른 사람들은 놀고, 나만 일하는 것 같을까? 사회적 태만   150
음악을 들으면서 일하면 업무 능률이 오를까? 선택적 주의   156
목표를 이루는 가장 확실한 방법 공개 선언 효과   162

4장 후회하지 않는 결정을 내리려면?

회의만 하면 결론이 산으로 가는 이유 _집단 사고_	172
불편한 느낌이 드는 정보일수록 더 집중해야 한다? _확증 편향_	180
상대방의 말에 쉽게 휘둘리지 않는 방법 _면역 효과_	187
팔이 안으로 많이 굽으면 나를 공격할 수 있다? _내집단 편애_	194
같은 일을 겪고도 왜 사람마다 말이 다를까? _구성적 기억_	201
나빴던 기억을 떨쳐 내기 어려운 이유 _부정성 효과_	208
그런데 가끔은 조금 부정적으로 생각해 보자 _비현실적 낙관주의_	214
선택지가 많을 때 더 주의해야 하는 이유 _맥락 효과_	220

5장 답답한 꼰대 대신 같이 일하고 싶은 선배가 되려면?

부장님이 그렇게 '라떼'를 찾는 이유 _회고 절정_	228
실패했을 때 담당자 탓만 하는 상사의 심리? _기본적 귀인 오류_	235
일이 끝나고 "그럴 줄 알았다!"라고 말하지 말자 _사후 확신 편향_	241
다른 사람도 나처럼 생각할 것이라는 착각 _허위 합의 효과_	249
후배는 당연한 걸 왜 자꾸 물어볼까? _지식의 저주_	256
내가 제일 잘 알고 있다는 착각 _지적 겸손_	263
같이 일하고 싶은 상사의 비밀 _조망 수용_	269

6장 내 마음을 잃지 않고 재미있게 일하려면?

주말에 회사 근처에만 가도 오금이 저리는 이유 _점화 효과_   278
동료가 나보다 월급을 많이 받는지 궁금할 때 _사회 비교_   285
회사 욕은 하면 할수록 더 불행해진다? _반추 행위_   293
'다 내 탓이야'라고 생각하는 사람들의 심리 _공정한 세상 믿음_   301
혼자 모든 일을 감당하려고 하면 안 되는 이유 _통제의 환상_   309
높은 연봉 vs 가족과의 시간, 무엇을 택하는 게 좋을까? _물질주의_   315
실패를 발판 삼아 성장하는 사람들의 원칙 _암묵 이론_   323
행복을 가져오는 직장 생활의 비밀 _자기 결정성 이론_   330

참고문헌   338

1장

괜찮은 사람으로 기억되고 싶다면?

최종 결과 34전 33패…… 1승?! 드디어 오랜 취업 준비 기간을 마치고 원하던 회사에 들어가게 된 주인공 최도진. 세상에서 취업이 가장 어려운 줄 알았는데, 맙소사! 회사 생활은 더더욱 어렵다? 어색하기만 한 동료와 어떻게 친해질 수 있을지, 신입 사원은 정말 인사만 잘하면 되는지, 이유 없이 호감이 가지 않는 사람에게는 어떻게 대해야 할지, 모든 게 낯설고 서툴기만 하다. 설레기도 걱정스럽기도 한 회사 생활, 잘 적응해 나갈 수 있을까?

합격 확률을 높이는 면접 복장?

현저성 효과

제목 없음
[Web발신]
안녕하십니까?
PY 인사 담당자입니다.
귀하는 수시 신입 채용 일반 직무 분야에 서류 합격 되셨음을 알려드립니다.

면접 일정은 채용 사이트에서 확인 바라며, 자유 복장입니다.
감사합니다.

2019년 7월 17일부터 블라인드 채용법이 시행되었다. 기업에서는 이제 지원자에게 키, 몸무게, 혼인 여부, 출신지, 가족 관계 등과 같이 직무와 직접적인 관련이 없는 요소들을 서류에 기재하도록 요구할 수 없게 되었다. 블라인드 채용의 도입 취지는 편견이 개입될 수 있는 차별적인 요소를 배제하고, 직무와 관련된 능력 중심으로 지원자를 평가하기 위함이다. 처음 제도를 도입한 이래로 지금까지 기업과 지원자 양측 모두에서 이런저런 논란이 많지만, 알고 보면 이 채용 방식에는 일종의 심리 법칙이 들어 있다.

　블라인드 채용은 사람이나 사물의 두드러지는 특징이 전체 인상을 형성하는 데 큰 영향을 준다는 현저성 효과Salience effect를 염두에 둔 채용 방식이다. 현저성, 즉 사람이나 사물의 두드러지는 특징은 우리의 인지적인 부분부터 의사 결정까지 폭넓게 영향을 미친다. 이해하기 쉽게, 하얀 오리들 사이에 알록달록한 청둥오리가 한 마리 있는 상황을 상상해 보자. 자연스럽게 우리의 시선은 청둥오리로 향하게 되고 청둥오리의 움직임에 더 집중하게 되며, 나머지 오리들은 그저 흰 배경이나 다름없는 상태가 될 것이다. 그 상황에서 누군가가 그 오리 집단의 움직임에 대해 묻는다면? 우리는 아마도 청둥오리의 움직임에 기반한 답변을 할 수밖에 없을 것이다. 사람들은 이렇게 자연스럽게 두드러지는 특징에 더 집중하고 나머지 특성들에는 주의를 덜 기울이며, 이를 기반으로 전체적인 인상을 형성하는 경향이 있다.

　현저성 효과의 초기 연구 중 하나는 지각적 수준의 현저성과 인과 관계 추론에 관한 것이다. 셸리 테일러Shelley E. Taylor와 수잔 피스크Susan T. Fiske는 실험 참여자들에게 A와 B라는 두 사람이 대화하는 모습을 둘러앉아 지켜보게 하였다. 대화가 모두 끝난 뒤, 이를 지켜본 참여자들에게 A와 B 중 누가 더 대화를 이끌었는지, 분위기를 조절하였는지 등을 평가하게 하였다. 평가 결과, A를 마주 보는 위치에 앉아 있던 참여자들은 A가, B를 마주 보는 위치에 앉아 있던 참여자들은 B가 상황을 주도했다고 평가하였다.[1] 이는 사람들이 시각적으로 잘 보였던, 다시 말해 '두드러졌던 사람'에게 행동의 원인을 돌린다는 것을 보여 준다. 이 연구를 통해 현저성이 원인 추론에 영향을 미친다는 사실이 밝혀졌다.

다시 블라인드 채용으로 돌아와 보면, 지원자의 장애 유무, 뛰어난 외모, 유력 인사의 친인척 관계 여부 등은 우리가 흔히 접하기 힘든 독특한 특징들이다. 채용 과정에서 이로 인한 현저성 효과가 작동하게 되면, 평가자는 눈에 띄는 특성에 사로잡혀 직무 능력 등 실제 업무에 필요한 능력들을 제대로 평가하지 못하게 될 가능성이 높다. 결과적으로 기업은 제대로 된 인재를 선발할 수 없게 되며, 지원자 역시 오롯이 직무 능력에 따라 합당한 평가를 받지 못하기 때문에 회사와 지원자 모두가 손해를 보고 만다. 다른 부분들은 차치하고, 현저성 효과 측면에서만 본다면 블라인드 채용의 취지는 심리학적으로 어느 정도 유효하다고 할 수 있다.

현저성 효과는 숨기고 싶은 부분이나 약점을 의도적으로 감추고, 전반적으로 좋은 이미지를 형성하는 데 사용되기도 한다. 기업들이 제품의 포장에 신경을 많이 쓰는 것, TV 광고에 연예인이나 스포츠 스타를 모델로 내세우는 것 등이 모두 현저성 효과를 이용한 것이다. 눈에 띄게 근사하거나 멋진 포장을 하면, 사람들은 그 포장이 주는 이미지나 분위기를 토대로 전체 제품의 인상을 형성한다. 그렇게 되면 제품의 약점과 같이 보여 주고 싶지 않은 부분을 조금이나마 감출 수 있고, 전체적으로 좋은 이미지를 만들 수 있다.

호감도가 높은 인기 스타들을 광고에 섭외하는 이유도 그들이 갖는 긍정적 이미지가 상품의 전체적인 이미지 형성에 크게 영향을 미치기 때문이며, 이는 후광 효과 Halo effect라고 한다. 후광 효과는 현저성 효과의 일종이라고 할 수 있는데, 특정 대상이 갖는 긍정적인 인상이 전반적인 평가에 영향을 미치는 것을 말한다. 반대로 부정적인 이미지가 전체 인상에 영향을 미치는 것은 뿔 효과 Horn effect라고 하며, 광고 모델인 인기 스타들이 구설수가 있을 때 기업들이 빠르게 모델을 교체하는 것이 바로 이 뿔 효과를 막기 위한 행동이다.

그럼 우리는 현저성 효과를 어떻게 활용하면 좋을까? 우선, 다른 사람의 눈에 잘 띄는 부분에 더 신경 써서 좋은 평가를 받을 수 있다. 우리가 가진 특성 중 가장 쉽게 눈에 띄는 부분은 겉모습이다. 이 때문에 의상을 잘 갖춰 입거나 외모를 깔끔하게 다듬는 데 신경을 쓰는 기본적인 행위만으로도 호감을 살 확률이 매우 높아진다.

그런데 만약 호감이 가는 겉모습을 어떻게 만들어야 할지 자신이 없다면, 부정적일 수도 있는 애매한 것들을 최대한 제거하는 방향으로도 접근해 볼 수 있다. 면접을 보러 가거나 중요한 미팅에 참석해야 하는데, 회사에서 따로 지침을 주지 않았다면? 당연히 정장이 가장 무난하다. 정장은 중요한 자리에서 특별히 두드러지는 복장도 아니고 부정적인 인상을 주지도 않기 때문이다. 그렇다면 면접 복장이 캐주얼로 정해져 있는 경우에는 어떨까? 가장 호불호가 없을 만한 깔끔한 옷을 입는 것이 안전하다. 이때 만일 개인적으로 코디한 개성 넘치는 옷을 입고 가면 상대방의 취향을 모르는 상황에서 자칫 옷차림이 부정적으로 두드러질 수 있다.

1943년에 이루어진 한 연구에서는, 동일한 사람이 안경을 쓴 경우에 사람들은 지능, 신뢰도, 근면함을 더 높게 평가했고, 미소를 지었을 때는 친절함과 유머러스함을 더 높게 평가했다.[2] 이는 안경과 미소라는 사소한 겉모습이 전체적인 평가에 큰 영향을 줄 수 있음을 잘 보여 준다. 중요한 자리에서 내가 어필하고자 하는 강점이 옷차림과 같은 부차적인 요소 때문에 제대로 평가받지 못한다면 너무나 억울하지 않을까? 다른 모든 요소들을 무난하게 세팅하고 내가 제일 자신 있고 관심 있게 봐 주었으면 하는 부분을 강조한다면, 좋은 인상을 형성하는 데 조금이나마 도움이 될 것이다.

반대로 우리가 다른 사람이나 사물을 평가하는 상황에서도 항상 현저성 효과를 염두에 두면 좋다. 두드러지는 특성에 영향을 받는 것은 청둥오리 예시처럼 우리에게 본능적으로 일어나는 현상이다. 잘생긴 사람이 성격도 좋을 것이라고 생각하거나, 둥글둥글하게 생긴 사람을 착하다고 생각하듯 말이다. 그렇기에 내가 한 가지 특성에 몰입되어 서로 관계도 없는 다른 요소들을 제대로 보지 못하고 있는 것은 아닌지 수시로 점검할 필요가 있다. 함께 일할 사람의 자기소개서를 읽거나 면접을 보게 된다면, 내가 정말로 평가하고 싶은 능력과 특성을 정확히 정해 두고, 다른 특성들의 영향을 배제해 독립적으로 평가해야 전체적으로 정확한 판단이 가능할 것이다.

면접에서 가장 중요한 건 자기소개?

초두 효과

무엇이든 처음은 특별하고 기억에 오래 남는다. 그래서인지 첫눈, 첫사랑, 첫발, 첫걸음, 첫날밤, 첫술 등 '첫'으로 시작하는 단어도 참 많다. '둘째 눈', '중간 사랑'과 같은 말은 들어 본 적도 없는데 말이다. 이렇게 처음은 우리에게 중요한 의미가 있다.

비슷한 맥락에서 첫인상이 중요하다는 이야기는 많이 들어 봤을 것이다. 사람들은 상대방을 처음 봤을 때 고작 몇 초 안에 상대방의 다양한 부분들에 대한 인상을 형성한다. 심지어 한 연구에 따르면, 사람들은 특정 인물의 사진을 단 0.1초만 보고도 그 사람의 매력도, 호감도, 신뢰성, 유능성, 공격성 등을 평가했다.[1] 연구에서 사람들이 0.1초 동안만 사진을 보고 내린 평가는 사진을 0.5초, 1초를 보고 내린 평가와 큰 차이가 없었다. 즉, 상대방에 대한 인상은 0.1초 만에 이미 형성되며, 더 긴 시간을 본다 해도 별로 변화하지 않는다는 뜻이다. 물론 해당 평가의 정확도는 논외다.

짧은 시간 동안 형성된 첫인상은 지속적으로 그 사람을 평가하는 데 영향을 미치기 때문에 첫 만남이 굉장히 중요하다는 말이 나온 것이다. 첫인상이 갖는 효과는 초두 효과 **Primacy effect**의 일종인데, 초두 효과란 처음 제시되는 정보가 뒤이어 제시되는 정보보다 인상 형성, 기억 등에 더 큰 영향을 미치는 것을 말한다. 미국의 심리학자 솔로몬 애쉬**Solomon E. Asch**는 성격에 대한 인상 형성이 어떻게 이루어지는지 알아보기 위한 다양한 연구를 수행했다. 그중 한 가지 연구가 초두 효과의 대표적인 연구 결과로 많이 인용되곤 한다.

1946년에 이루어진 고전적인 연구[2]에서 애쉬는 형용사의 제시 순서가 인상 형성에 어떠한 영향을 미치는지 알아보고자 했다. 실험 참여자들은 두 그룹으로 나뉘어 특정한 사람을 묘사하는 6개의 형용사를 본 뒤 그 사람이 어떤 사람일지 평가하였다. 한 그룹의 참여자들에게는 '똑똑한-근면한-충동적인-비판적인-고집 센-질투심이 많은'의 순서로 형용사가 제시되었고, 다른 그룹에는 동일한 형용사가 역순으로 제시되었다.

'똑똑한', '근면한' 등의 긍정적인 형용사가 먼저 제시된 그룹의 참여자들은, 해당 형용사가 묘사하는 사람이 능력 있고 똑똑한 사람이라고 평가했으며, 부정적인 특성들은 인상 형성에 큰 영향을 미치지 못했다. 하지만 '질투심이 많은', '고집 센' 등의 부정적인 형용사를 먼저 제시한 그룹의 참여자들은 그 사람을 부정적인 특성 때문에 제대로 능력을 발휘하지 못하는 사람으로 평가했다. '이 사람이 가지고 있는 성실함과 똑똑함은 질투와 고집 때문에 제대로 발휘되지 못할 것이고, 감정적이기 때문에 나쁜 점이 좋은 점들을 모두 덮어 버려 결국 실패할 것이다'라고 평가한 사람도 있었다.

단순히 형용사의 순서만 바꿔서 제시했을 뿐인데 사람들의 인상 형성이 극명하게 갈리는 것을 보면 초두 효과가 얼마나 강력한 효과를 나타내는지 알 수 있다. 그렇기 때문에 우리도 첫 만남에서 어떻게 긍정적인 인상을 남길 수 있을지 생각해야 한다.

슬프게도 긍정적인 인상을 남길 수 있는 가장 좋은 방법은 외모다. 앞서 살펴봤던 첫인상 연구를 생각해 봐도, 사람들은 얼굴만 보고도 다양한 성격 특성들을 평가해 버린다. 보통 외모가 예쁘고 잘생긴 사람들을 더 건강하고, 똑똑하고, 능력 있는 사람이라고 평가하는 경향이 있다. 억울하지만 어쩔 수 없다.

그럼 우리가 할 수 있는 것에 집중해 보자. 사실 이미 우리는 어떤 태도와 모습이 상대방을 처음 만났을 때 좋은 인상을 줄 수 있는지 잘 알고 있다. 웃는 얼굴, 자신감 있는 태도, 예의 바른 모습 등 우리가 흔히 알고 있는 공식을 잘 따르면 된다. 면접 상황을 생각해 보면, 깔끔하게 신경 쓴 겉모습, 약간의 미소, 예의 바른 인사 등이 면접관에게 좋은 첫인상을 줄 수 있다. 특히 자기소개는 면접에서 가장 처음에 하는 경우가 대다수이기 때문에 첫인상을 형성하는 데 큰 영향을 미친다. 면접관들은 자기소개를 기반으로 인상을 형성하고, 이를 바탕으로 추후 들어오는 답변들을 평가할 가능성이 크다. 자기소개는 면접의 필수 질문이기 때문에 모든 면접자가 완벽히 준비하려 한다. 그러니 여기서 버벅거린다면 매우 좋지 않은 첫인상을 형성할 수 있다는 점을 꼭 기억하자.

면접 이전으로 시간을 거슬러 올라가 보면, 기업의 채용 담당자 및 일하게 될 부서의 사람들에게 제일 먼저 나를 보여 주는 단계는 서류 전형이다. 그렇기 때문에 이력서 또는 자기소개서의 영향도 무시할 수 없다. 오타가 있거나 불완전하게 작성된 자기소개서는 설사 서류 전형을 통과하더라도 이미 좋지 않은 인상이 형성되어 있는 상태에서 면접을 봐야 하기 때문에 불리하다. 꼼꼼한 검토를 통해 오류가 없는 서류를 제출해야 하고, 자유 양식의 이력서라면 깔끔하고 보기 좋게 편집하는 것이 중요하다. 이렇게 한다고 무조건 합격을 하는 건 당연히 아니겠지만, 불리하게 작용할 수 있는 변수를 제거한다는 측면에서 보면 분명히 도움이 된다.

초두 효과의 특성을 생각해 보면, 처음 잘 형성된 인상은 실수를 만회할 수 있는 게임에서의 추가 목숨, 또는 일종의 '까방권'과도 같다. '저 친구는 원래 예의 바른 친구인데 오늘은 뭔가 일이 있었나 보네', '똑똑하고 성실한 친구인데 오늘은 컨디션이 별로 안 좋나?'와 같이 말이다. 물론 반복해서 첫인상을 뒤집는 행동을 하면 어느 순간 게임 오버가 될 수도 있으니 계속해서 일관성을 유지해야 한다.

동료와 친해지고 싶을 때 해야 할 일

유사성 효과

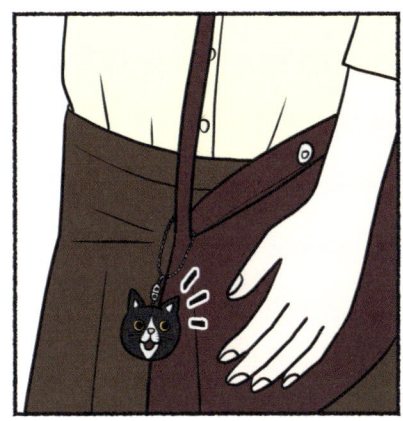

대학생 때 만나서 지금까지 친하게 지내고 있는 친구가 있다. 그 친구를 처음 만났던 건 입학 전 신입생 OT를 가려고 모두가 어색하게 앉아 대기하고 있던 때였다. 다들 난생처음 보는 사이이다 보니 적막만이 흐르고 있었는데 그 친구가 먼저 말을 걸었다. 이야기를 하면서, 대입 재수를 해서 서로 나이가 같다는 것, 잉글랜드 프리미어리그 축구를 좋아한다는 것 등 비슷한 점이 많아 다른 친구들보다 더 호감을 느껴 그 친구와 빠르게 친해질 수 있었다.

우리는 자신과 생일이 같은 사람, 고향이 같은 사람, 출신 학교가 같은 사람 등 공통점이 있는 사람에게는 호감을 더 잘 느끼고, 그들과는 더 쉽게 친해진다. 왜 그럴까? 다양한 심리학 연구 결과들에 따르면, 사람들은 자신과 유사한 사람에게 더 호감을 느끼는 경향이 있다. 누군가가 나와 출신 학교가 같다고 하는데 오히려 기분이 좋지 않다면, 아마도 마음속 깊은 곳에서 그 사람을 싫어하고 있을 가능성이 있다. 싫어하는 사람이 나와 비슷한 점이 있으면 당연히 기분이 좋지 않기 때문이다.

아무튼 이러한 유사성 효과Similarity effect는 성격, 가치관, 외모 등 다양한 영역에서 공통으로 나타난다. 심리학에서 대인 관계 관련 연구는 주로 연인 관계와 같은 이성적 호감의 측면에서 이루어지는 경우가 많다. 유사성 효과 역시 이성적 호감과 관련하여 많은 연구가 이루어졌지만, 유사성 효과는 사람 대 사람 간의 호감, 즉 함께 일하고 싶은 정도, 함께 어울리고 싶은 정도 등에도 영향을 미친다.

미국의 심리학자 돈 번Donn Byrne과 돈 넬슨Don Nelson의 연구에서는 학생들에게 사회 통합, 과학 소설, 복지 입법 등 다양한 주제들에 어떤 의견을 가지고 있는지 응답하게 하였다. 응답이 끝난 후, 연구자들은 다른 사람의 응답표를 보여 주며 호감도를 평가하게 하였는데, 학생들은 자신과 의견의 일치도가 높을수록 상대방에게 더 높은 호감을 느낀다고 평가했다.[1]

이외에도 유사성이 높을수록 더 호감을 느끼게 된다는 연구 결과는 많이 존재한다. 면접 상황에서 면접관과 지원자의 유사성이 높을 때 면접관이 호감을 느끼게 되어 결정에 영향을 미친다는 연구 결과[2]도 있으며, 실제 유사성 못지않게 개인이 비슷하다고 느끼는 정도인 지각된 유사성 역시 호감에 영향을 미친다는 연구 결과[3]도 존재한다. 심지어 사람들은 자신의 얼굴을 일부 합성하여 자신과 비슷하게 보이는 얼굴 사진을 다른 사진들보다 더 매력적으로 느끼기도 한다.[4]

유사성 효과가 왜 나타나는지에 관한 설명은 다양하다. 자신과 유사한 사람을 부정적으로 평가하는 것은 곧 자기 부정이 되기 때문에 비슷한 사람을 긍정적으로 평가하고 호감을 느낀다는 간단한 설명도 있고, 나와 유사한 상대방을 통해 '나'라는 자아 개념을 쉽게 확인할 수 있기 때문에 선호한다는 다소 어려운 설명도 있다.

개인적으로 가장 쉬운 설명은 나와 유사한 사람과는 더 깊고 많은 상호 작용을 할 수 있기 때문에 호감을 느끼고 친해진다는 해석이다. 예를 들어, 상대방과 내가 같은 동네에 살고 있다면, 그렇지 않은 사람보다 이야깃거리가 훨씬 많아진다. 동네 맛집이나 산책로, 분위기 좋은 카페를 추천하는 등 정보를 공유할 수 있고, 그 안에서 또 다른 유사성을 찾아낼 수도 있다. 상대방과 가치관이 비슷하다면 여러 이슈에서 더 깊은 이야기를 나누며 공감할 수 있다. 이렇듯 나와 유사한 상대방은 나에게 도움이 될 가능성이 높아지므로 호감을 더 느낄 수 있다는 설명이다.

유사성 효과는 새 직장과 같은 낯선 환경에 적응해야 할 때 유용하다. 처음 만나는 사람들과 빠르게 친밀한 인간관계를 맺고 싶다면 상대방과 나의 공통점을 찾아서 어필하면 좋은데, 일단 같은 회사에 다니고 있다는 점에서 이미 회사 사람들과는 유사성을 가지고 있어 훨씬 접근하기 수월하다. 같은 회사의 구성원이라는 점에서 웬만하면 이미 서로 약간의 호감을 가지고 있을 테고, 회사와 관련된 이야기를 하면 다른 공통점을 쉽게 찾을 수 있기 때문이다. 입사 전 연수원을 거친다거나, 공통된 온보딩Onboarding 교육을 수강한다면 그 경험이 또 하나의 유사성으로 작용할 수 있다. 직무와 관련된 이야기를 하는 것 역시 좋은 방법이다.

이외에도 상대방이 사용하는 텀블러나 사무용품 등에 관심을 갖고 비슷한 것을 추천받는 것도 좋다. 상대방의 물품이 좋다고 표현하는 것은 곧 그 물품을 잘 사용하고 있는 상대방의 태도와 유사성을 보여 주는 것이며, 추후 비슷한 물건을 사용하게 되면 그 또한 하나의 유사성이 될 수 있기 때문에 유용하다. 더 나아가, 빠른 시일 내에 회사에서 가까운 사람들을 만들고 싶다면 사내 동문회나

동호회 등에 가입하는 것도 하나의 방법이다. 출신 학교라는 공통점으로 묶여 있는 사내 동문회의 경우 처음부터 열렬한 환영을 받을 테고, 동호회 역시 같은 취미를 즐긴다는 점에서 더 빨리 친밀한 관계를 형성할 수 있다.

신입 사원은 정말 인사만 잘하면 될까?

단순 노출 효과

출근길, 같은 시간에 같은 정류장에서 버스나 지하철을 반복적으로 타다 보면 서로 얼굴만 아는 대중교통 친구가 생긴다. 내가 예전에 자주 타고 다니던 7호선을 기준으로 오전 7시 6분에 상도역에서 장암행 2-1번 칸에 타면, 하차하는 역에 따라 이름 붙인 이수역 형님, 남성역 아주머니, 고속 터미널 아저씨가 항상 타고 있었다. 처음에는 최대한 빨리 빈자리를 선점하려는 목적으로 얼굴을 외웠다. 하지만 매일 아침 같은 얼굴을 보니 묘한 내적 친밀감이 생겨서 그분들이 없는 날에는 뭔가 허전하고, 있는 날에는 내심 반가웠다. 그러던 어떤 날은 고속 터미널 아저씨가 고속 터미널역 정차가 임박했음에도 자리에 앉아 숙면을 취하고 계셔서, 말 한마디 나눠 보지도 않은 정말 아무런 사이도 아니지만 괜히 안쓰러워 진심으로 깨워 주고 싶었던 적이 있다. 물론 실제로 깨웠다면 내가 자신의 내릴 곳을 외우고 있는 음침한 사람으로 보였을 게 분명해서 자는 척 혼자 조용히 눈을 감고 외면했다.

대중교통 친구들은 아무런 상호 작용도 없었던 사람들이지만 우리는 그저 반복적으로 얼굴을 본 것만으로도 친밀감을 갖게 된다. 만약 대중교통 친구 중 한 명이 모르는 누군가와 다툰다면 우리는 아마도 대중교통 친구를 내심 응원할 것이고, 모르는 사람과 대중교통 친구 중 같이 여행 갈 사람 한 명을 고르라면, 대중교통 친구를 고를 것이다. 이렇게 특정한 대상이 단순히 자주 눈앞에 보이기만 해도 그 대상에 호감을 느끼는 현상을 단순 노출 효과 **Mere exposure effect**라고 한다. 단순 노출 효과는 미국의 심리학자 로버트 자이언스^{Robert B. Zajonc}가 정립한 법칙이다.

　연구자들은 이 이론을 검증하기 위해 재미있는 실험을 진행했는데, 실험 방식은 다음과 같다. 연구자들은 외모의 매력도가 서로 비슷한 여성 연기자들을 선발하여 한 학기 동안 특정 강의에 각기 다른 빈도수로 출석하게 하였다. 출석 빈도는 15번, 10번, 5번, 0번 등이었는데, 연기자들은 단순히 출석만 하였으며 같은 수업을 듣는 다른 학생들과 이야기를 한다거나 강의가 끝나고 사적으로 만나는 등 눈에 띄는 행동을 하지 못하도록 했다. 마치 우리가 출근길에서 마주치는 사람들처럼 서로 얼굴을 보는 것 외에 아무런 상호작용도 없도록 말이다. 시간이 흘러 한 학기가 끝나고 연구자들은 해당 강의를 들었던 학생들에게 강의에 출석했던 연기자들의 사진을 보여 주고 누가 가장 매력적인지 평가하도록 했다. 그 결과, 학생들은 대체로 출석 횟수가 많은 사람을 더 매력적으로 평가했다.[1] 별다른 활동 없이 그저 앞에 자주 보이기만 했는데도 호감도가 올라가는 단순 노출 효과가 작용한 것이다.

　단순 노출 효과는 꼭 사람에게만 적용되는 것은 아니다. 자이언스는 한자를 이용한 단순 노출 효과 실험[2]도 진행하였다. 우선 참여자들은 여러 개의 한자를 각각 다른 빈도수로 보게 되었다. 한자를 모르는 미국인을 실험 대상으로 하였기 때문에 그들에게 한자는 그저 점과 선의 집합체였을 뿐이었고, 뜻을 유추할 수도 없는 상태였다. 한자들을 모두 보여 준 뒤, 특정 한자를 제시하며 그 뜻이 긍정적일지 부정적일지 추측해 보라고 하였는데, 놀랍게도 사람들은 더 많이 봤던 한자가 그렇지 않은 한자보다 긍정적인 뜻을 가지고 있을 거라고 응답했다. 이는 사람이 아닌 사물, 심지어 문자에도 단순 노출 효과가 작동한다는 사실을 잘 보여 준다.

여러분 중 처음 잠실에 롯데 타워가 생겼을 때는 그 거대한 자태가 주변 경관과 어울리지 않아 이상하게 느껴졌지만, 지금은 롯데 타워가 예전보다 멋있어 보이는 사람이 있다면 단순 노출 효과가 작용한 것이다. 롯데 타워는 너무 거대해서 그 근처 서울 지역의 어디에서나 잘 보이기 때문에 사람들은 그 어떤 건물보다 롯데 타워를 자주 볼 수밖에 없기 때문이다.

단순 노출 효과는 매우 단순한 방법으로 강력한 효과를 낼 수 있어 마케팅 분야에서 많이 사용된다. 버스 옆면이나 정류장마다 붙어 있는 광고들, 다양한 매체를 통해 노출되는 영상 광고 등이 제품이나 브랜드를 더 자주 노출시켜 호감을 얻고자 하는 기업들의 노력의 결과물이다. 드라마에서 거슬릴 정도로 많이 등장하는 PPL 광고도 대표적인 단순 노출 효과를 이용한 마케팅 전략이다.

이렇게 말 그대로 단순하고 효과적인 단순 노출 효과는 당연히 우리 삶에도 유용하게 사용할 수 있다. 가장 쉽게 활용할 수 있는 방법은 회사에서 마주치는 사람에게 인사를 잘 하는 것이다. 아니, 이게 무슨 꼰대 같은 소리도 아니고 갑자기 인사를 잘 하라고 하냐며 반감을 가질 필요는 없다. 일단 인사를 한다고 역정을 내는 사람은 없기 때문에 잃을 것이 없다. 또 그냥 인사 없이 지나쳤으면 상대방과 눈도 마주치지 않았겠지만, 인사를 함으로써 얼굴이라도 한 번 더 보게 되고, 간단한 안부를 묻는 등 스몰 토크를 할 수도 있으며, 결과적으로 내가 더 많이 노출된다. 별것 아닌 것 같지만 눈에 자주 띄기만 해도 호감도가 올라간다는 사실과 인사해서 나쁠 건 없다는 점을 고려하면 밑져야 본전이니 한번 실천해 보자. 만약 인사를 하는 것조차 부담스럽다면, 그저 근처에 더 자주 알짱거리는 것도 방법이다. 물론 이때 상대방이 기존에 나에게 나쁜 인상을 가지고 있는 경우 괜히 자꾸 눈에 보이면 부정적인 인상을 더 강화할 수도 있다. 그러니 나를 싫어하는 사람이 있다면 괜히 인상을 좋게 만들겠다고 자주 나타나지 말고 일단 피해 다니면서 눈에 띄지 않도록 하자.

회사에서 사적인 이야기를 할 때 일어나는 일

자기노출

내용물이 보이지 않게 포장된 과자와 투명하게 포장된 과자 중 어떤 것에 더 끌릴까? 아마도 내용물이 보이도록 투명하게 포장된 과자가 더 신뢰가 가고 끌릴 것이다. 실제 생김새가 어떤지, 무슨 재료가 들어갔을지, 양은 얼마나 되는지 어느 정도 가늠해 볼 수 있기 때문이다. 영국의 스타트업 낫싱Nothing은 뒷면이 투명하게 디자인되어 속의 부품을 볼 수 있는 '낫싱폰'을 비롯하여, 속이 보이는 무선 이어폰 '낫싱 이어'를 출시했다. 해당 제품들이 시장에 공개되자 많은 사람들이 지대한 관심을 보였다. 디자인상으로 독특하니 주목을 끈 면도 있겠지만, 제품 안쪽을 보고 싶어 하는 사람들의 본능을 자극한 점도 일정 부분 영향을 미쳤을 것이다.

내밀한 속을 알고 싶은 대상은 과자나 스마트폰 같은 물건뿐만 아니라 사람에도 해당된다. 우리는 다른 사람의 개인적인 이야기를 알고 싶어 한다. 실제로도 사적인 이야기를 전혀 하지 않는 사람보다는 속내를 드러내는 사람이 더 친밀하게 느껴지고 자연스럽게 호감이 가기 마련이다. 우리는 날씨, 예능, 유튜브 등 가십거리만 이야기하는 상대보다는 조금 더 개인적인 이야기를 해주는 상대에게 더욱 친밀감을 느낀다. 이렇게 사적인 이야기를 상대방에게 노출함으로써 친밀감이 높아지는 현상을 자기 노출Self-disclosure이라고 한다.

자기 노출은 로맨스 영화나 드라마에서 사용되는 대표적인 클리셰를 생각하면 이해하기 쉽다. 마음을 완전히 열지 못하고 있던 여자 주인공에게 남자 주인공이 자신이 그렇게 행동할 수밖에 없었던 출생의 비밀 같은 구구절절한 사연을 이야기하는 장면이 바로 자기 노출의 순간이다. 이 과정을 거치면 남녀 주인공들이 서로를 진심으로 신뢰하게 되고, 행복한 결말을 향해 함께 순조롭게 나아간다. 연인 관계뿐만 아니라 일반적인 대인 관계에서도 자기 노출은 상호 간의 친밀과 신뢰에 중요한 영향을 미친다.

많은 연구들이 친밀한 관계를 형성하는 데 자기 노출이 중요한 요소임을 강조하고 있다. 깊은 관계를 맺는 데 중요한 요소들을 탐색한 연구에 따르면, 사람들은 현재 또는 과거의 삶, 개인적인 관계 등을 상대방과 공유함으로써 서로를 더 중요하게 느끼며, 서로의 인생에 서로가 포함되어 있는 느낌을 받는다는 사실을 밝혔다.[1] 또 다른 연구에서는 앞선 초두 효과 주제에서 다뤘던 그 중요한 첫인상을 자기 노출을 통해 바꿀 수 있음을 검증했다.[2] 첫인상 호감도가 낮았던 사람과, 자기 노출을 포함한 사회적 상호 작용을 하게 하자 상대방에 대한 호감도가 첫인상 점수보다 높아졌다.

한 직장 관련 연구에서는 상사와 좋은 관계를 가지고 있다고 말한 사람들은 상사와 더 자주 개인적인 연락을 한다고 응답했다.[3] 물론 사이가 좋으니까 개인적인 연락을 많이 한다고 볼 수도 있지만, 자기 노출과 호감은 상호 작용적인 관계를 갖는다. 사람들은 자기 노출을 하는 사람을 더 좋아하고, 좋아하는 사람에게 자기 노출을 더 많이 하며, 자기 노출을 함으로써 그 사람을 더 좋아하게 된다. 결론적으로, 자기 노출과 호감 및 친밀도는 떼려야 뗄 수 없는 관계이다. 이렇게 강력한 자기 노출의 효과를 일상생활에서 어떻게 사용할 수 있을까?

직장 생활을 하다 보면 함께 일하는 동료들과 쌓은 친분이 업무 협조를 원활하게 하는 등 생산성에도 도움이 되고, 사회적 지지의 역할을 함으로써 직장의 더러움을 견디는 데에도 도움이 된다는 사실을 깨닫는다. 직장 동료들과 종종 티타임을 갖거나 퇴근 후 저녁 식사 자리를 가져 보자. 이때 업무 이야기나 피상적인 이야기만 하지 말고, 개인적인 이야기를 살짝 섞는 것이 중요하다. 별로 친하지 않은 사람에게 개인적인 이야기를 하는 것이 조금은 어색할 수도 있지만, 서로 부담스럽지 않을 정도의 이야기로 시작하면 된다. 예를 들어, 가볍게 주말에 있었던 일, 취미 등을 이야기해도 좋고, 업무 이야기를 하면서 본인의 업무 스타일을 말해도 좋다. 반응이 나쁘지 않다면 좀 더 나아가서 미래 커리어 계획이나 살면서 겪었던 재미있었던 경험을 이야기할 수도 있다.

자기 노출의 내용은 긍정적인 것이 안전하고 진정성이 동반될 때 더 효과가 크다. 내가 사실 전과자였다는 폭로나, 사기를 당해서 인생 난이도가 높아졌다는 뜬금없고 부정적인 이야기는 약점이 잡히는 등 양날의 검이 될 수도 있기 때문에 가급적 피하는 것이 좋다.

만약 내가 자기 노출을 했는데 상대방도 함께 개인적인 이야기를 들려주며 상호 작용한다면 친밀도는 더 올라갈 수 있다. 하지만 나는 계속해서 개인적인 이야기를 하고 있는데, 상대방은 그렇게 하고 있지 않다면 별로 좋지 않은 신호이다. 상대방이 자기 노출을 하지 않는다는 것은 아직 나를 신뢰하지 않고 있거나 별로 친해지고 싶지 않다는 뜻이니 계속해서 사적인 이야기를 남발한다면 역효과가 나타날 수 있다.

역지사지로 생각해 보면 이해하기 쉽다. 부장님 댁 인테리어 비용이 얼마나 들었는지, 아내와 사이가 좋고 나쁜지, 자제분들의 얼굴이 어떻게 생겼는지 듣도 보도 못하고 싶은데 자꾸 경청을 강요당했을 때 고역이고 짜증만 났던 기억이 있지 않은가? 나와 별로 친해지고 싶지 않아 하는 상대방에게 하는 사적인 이야기는 그저 듣기 싫은 'TMI'일 뿐이며, 오히려 부정적인 인상만 심어 준다. 내가 상대방과 친해지고 싶어도 적당히 상대방의 반응을 봐 가면서 사적인 이야기의 선을 지키는 것이 자기 노출 전략의 핵심이다.

실패할 것 같을 때 밑밥을 깔면 안 되는 이유

자기불구화

중요한 프레젠테이션을 앞둔 저녁. 식사를 마치고 나니 왠지 모르게 주방이 너무 지저분해 보여 청소를 시작한다. 주방 청소를 끝마치고 뒤를 돌아보니 한편에 쌓아 두었던 밀린 빨래들이 눈에 들어와 세탁기를 돌린다. 이제 마음먹고 프레젠테이션 준비를 시작하려고 방에 들어갔더니 어제 입었던 옷가지로 어질러진 침대와 너저분한 책상, 심지어 폴더와 파일로 뒤덮인 컴퓨터 바탕화면까지 거슬린다. 너무 거슬려서 도저히 프레젠테이션 준비를 할 마음이 생기지 않는다. 결국 준비는 뒷전이고 다른 잡다한 일에 시간을 모두 빼앗긴다. 어차피 버린 몸, 잠이라도 푹 자게 술이라도 한잔 해 본다.

상당히 자기 파괴적인 예시이지만 아마도 여러분 중 누군가는 위와 비슷한 상황에 빠졌던 경험이 있을 것이다. 만약 이런 역경을 딛고 프레젠테이션을 성공적으로 마친다면, 막판 준비 시간이 부족했음에도 불구하고 나의 뛰어난 능력이 중요한 순간에 빛을 발했다고 생각한다. 반대로, 프레젠테이션을 망친다면 집안일이 너무 많다 보니 시간이 없어서 준비를 제대로 못 했기 때문이라고 생각한다.

이렇게 어떠한 과제를 앞두고 실패에 대비해 잡다한 구실을 만드는 것을 자기불구화 Self-handicapping 라고 한다. 말 그대로 실패에 대비해 스스로 불구가 된다고 생각하면 쉽다. 그렇게 하면 내가 실패한 원인은 내가 진짜로 못나서가 아니라 안타깝게도 내가 당시 불구였기 때문이니까 말이다.

처음의 예시가 너무 극단적이라면, 고등학교 중간고사 날 친구에게 공부를 많이 했냐고 물어봤을 때를 회상해 보자. 어떤 친구들은 '그냥 하던 대로 했어'라고 말했겠지만, '아, 어제 공부를 하긴 했는데, 밤에 잠이 잘 안 와서 새벽 5시에 잤어', '어제 머리가 아파서 공부는 하나도 못 했어'라고 말하는 친구들도 있었을 것이다. 후자의 경우도 일종의 자기불구화에 속한다. 실제로는 어땠을지 몰라도 그 친구들 말로는 자신은 잠을 못 잔 불구, 머리가 아팠던 불구가 된 사람이다. 사실 웬만한 배포가 아니라면 공부를 많이 해서 자신 있다고 말하기는 어렵기 때문에 대부분 실제 공부했던 양보다는 조금 낮춰서 말하곤 했으니, 우리는 모두 자기불구화를 어느 정도씩은 하고 있었던 셈이다.

자기불구화는 미국의 심리학자 에드워드 존스Edward E. Jones와 스티븐 버글라스Steven Berglas가 처음 제시하였는데, 그들의 고전적인 실험은 다음과 같다. 우선 연구자들은 실험 대상자들을 두 개의 집단으로 나눴다. 한 집단에는 쉬운 문제를 풀게 했고, 다른 집단에는 어려운 문제를 풀게 했는데, 문제를 다 풀고 나서 두 집단 모두에 시험 성적이 상당히 잘 나왔다는 피드백을 주었다. 이어서 다시 비슷한 수준의 문제를 풀게 될 거라고 했는데, 그 전에 특별한 신약을 소개하면서 둘 중 한 개의 약물을 선택하라고 하였다. 연구자들은 한 약물은 수행 능력을 향상시켜 주는 효과가 있고, 다른 약물은 수행 능력을 오히려 억제하는 효과가 있다고 설명했다. 누가 봐도 후자의 약물은 불구가 되는 약물이었는데, 실험 결과 어려운 문제를 풀었던 사람들이 수행을 억제하는 약물을 많이 선택하는 경향을 보였다.[1]

어떻게 이런 결과가 나타나게 된 걸까? 어려운 문제를 풀었던 사람들은 처음에 긍정적인 결과를 받았을 때, 그것이 자신의 실력이 아니었음을 알았다. 그들은 다음 과제에서 좋지 못한 결과를 받을 확률이 높았기에 스스로를 방어하기 위해 불구가 되는 선택을 했다. 그렇게 하면 추후 시험 성적이 낮게 나와도 그건 약물의 탓이 되기 때문이다.

실패 자체를 두려워하는 마음, 다른 사람이 실패를 한 나를 부정적으로 생각할까 봐 두려운 마음이 자기불구화를 촉진한다. 이때 실패가 내 능력 탓이 아니라는 변명을 만듦으로써 자존감을 지키고, 다른 사람들에게 비추어지는 나의 이미지도 지킬 수 있다. 다만, 여기서 의아한 점은 과연 자기불구화가 도움이 되는지 여부이다. 어제 술을 먹어서 일을 제대로 처리하지 못했다고 하는 동료나, 일이 잘못되었을 때마다 매번 어젯밤의 불우한 사정을 늘어놓으며 변명하는 사람들을 보면 분명 썩 호감이 가지 않는데, 정말로 자기불구화가 도움이 되긴 하는 걸까?

단도직입적으로 말하면 약간 도움이 될 순 있지만 전반적으로 좋지 않다. 우선 자기불구화를 통해 실패로부터 자존감을 지킬 수 있고, 실패로 인한 실망감을 완화시킬 수 있다는 점에서 자기 자신에게는 일시적으로 도움이 된다. 하지만 길게 생각했을 때 잦은 자기불구화는 결국 개인적인 성장뿐 아니라 자존감에도 부정적인 영향을 미친다. 일단 핸디캡을 만드는 것은 곧 일의 난이도 상승으로 이어지며, 핸디캡을 핑계로 노력도 제대로 하지 않기 때문에 장기적으로 수행에 필요한 능력이나 기술 면에서도 전혀 성장을 기대할 수 없다. 즉, 자기불구화를 많이 사용하다 보면 필연적으로 실패를 더 많이 하게 되고, 계속된 실패는 자존감도 낮추는 결과를 가져온다.

이미지 관리의 면에서도 자기불구화는 도움이 되지 않는다. 한 연구에서 자기불구화를 한 사람을 어떻게 생각하는지 사람들에게 물어봤을 때, 직장인의 경우 어울리고 싶지도 함께 일하고 싶지도 않다고 응답했다.[2] 직장 맥락에서는 프로페셔널한 면모가 필요한데, 자기불구화를 사용하는 경우 이유가 어찌 됐든 과제를 실패한 것이기 때문에 좋지 못한 평가를 받게 된다.

혹시라도 내가 회사에서 습관적으로 실패를 대비하기 위해 변명거리를 만들고 있다면 가급적 당장 멈추기를 바란다. 학생 때까지는 이런 방법이 먹혔을지도 모르지만 회사에서는 전혀 먹히지 않을 테니까 말이다. 물론 너무 압박되는 상황이나, 실패가 예상되는 상황에서는 자신도 모르게 자기불구화를 사용하게 될 수 있다. 하지만 내가 중요한 일에 앞서 자기 파괴적인 행동을 하고 있다거나, 다른 사람에게 반복적으로 밑밥을 까는 등 적극적으로 자기불구화를 사용하고 있다면 나 자신을 한 번 더 점검해 보고, 일의 성공을 위해 도움이 될 수 있는 생산적인 일에 집중하는 편이 훨씬 낫다.

이유 없이 호감이 가지 않는 사람이 있다면?

자기 충족적 예언

처음 A를 봤을 때 왠지 그냥 인상이 썩 마음에 들지 않아서 마음속으로 A를 부정적으로 생각했다. 시간이 지날수록 역시나 A가 나에게 상당히 까칠하게 대한다고 느꼈고, 점점 사이가 나빠졌다. 결국 어느 날 A와 나는 크게 싸우게 되었다. 별다른 이유도 없이 나에게 까칠하게 대하고 다툼까지 불러온 A는 역시 이상한 사람이 맞다고 확신했다. 나는 내가 본 첫인상이 틀리지 않았음을 내심 칭찬하며 나의 뛰어난 눈썰미에 우쭐했다.

과연 정말로 위 예시의 주인공이 눈썰미가 좋아서 A가 이상한 사람이라는 것을 처음부터 알아차렸고 관계가 어긋난 것일까? 어쩌면 관계의 파탄은 주인공이 스스로 만들어 낸 것이었을지도 모른다. 위 예시의 주인공은 딱히 별다른 이유 없이 A를 부정적으로 생각했다. 그러다 보니 은연중에 A에게 말도 거칠게 나가고 행동도 비협조적이었을 것이다. 여기서 더 나아가 아무런 의도가 없는 A의 행동도 꼬아서 생각하고, 주인공의 머릿속에서 A는 점점 더 이상하고 마음에 들지 않는 사람이 되어 갔을 것이다.

그렇다면, A는 예시의 주인공을 어떻게 생각하고 있었을까? A는 사실 아무런 생각이 없었을지도 모른다. 그런데 어느 날부터 주인공이 자신에게 이유 없이 까칠하게 대하는 것을 느끼게 되었고, 그러다 보니 주인공을 점점 싫어하게 되었을지도 모른다. 당연히 이젠 A 역시 주인공을 불친절하게 대했고 상황은 점점 악화된 것이다. 별 이유 없는 미묘한 첫인상에서 비롯된 믿음이 멀쩡할 수 있었던 관계를 파국으로 몰고 간 상황이다.

위의 예시는 대인 관계에서 자기 충족적 예언Self-fulfilling prophecy이 부정적으로 작동한 전형적인 모습이다. 자기 충족적 예언은 자신이 만든 조각상을 너무 사랑한 나머지 마침내 사람이 된 조각상과 결혼까지 하게 된 그리스 신화의 피그말리온 이야기를 따서 피그말리온 효과Pygmalion effect라고도 불리는 심리학 이론이다. 자신이 가지고 있는 예상이나 기대가 실제 행동을 변화시키는 피드백 과정을 통해 이루어지게 된다는 이론이다. 자기 충족적 예언은 주로 교육 분야에서 많이 연구되어 왔는데, 대표적인 연구 하나를 살펴보자.

미국의 심리학자 로버트 로젠탈Robert Rosenthal과 레노어 제이콥슨Lenore Jacobson은 초등학교 선생님들에게 담당 학생들의 IQ 점수를 보여 주며, 점수가 높은 학생들이 향후 성적이 향상될 수 있는 잠재력을 가지고 있다고 알려 주었다. 선생님들에게는 해당 IQ 점수가 하버드 대학교에서 만든 공신력 있는 검사의 결과라고 말했지만, 사실은 연구자가 임의로 학생들에게 배정한 가짜 점수였다. 즉, 실제 능력과는 아무런 상관이 없었다. 그런데 놀랍게도 학기가 끝날 때 시험 점수를 확인해 보니, IQ 점수가 높다고 찍어 준 학생들의 점수가 다른 학생들보다 유의미하게 높았다.[1] 연구자들은 IQ 점수가 높다고 지정해 준 학생들에게 가진 선생님의 기대가 실제로 학생들의 수행을 변화시켰다고 보았다. 이 연구는 1968년에 이루어졌는데, 결과를 두고 계속해서 갑론을박이 펼쳐지긴 했지만 중론은 자기 충족적 예언이 실제로 어느 정도 효과가 있다는 쪽이었다.

자기 충족적 예언은 사람 대 사람 간의 관계에서만 적용되는 것이 아니라, 자기 자신에게 영향을 미치기도 한다. 한 연구에서는 나이를 먹는 게 곧 병들고 활력이 사라지는 과정이라고 생각하는 사람들은 그렇지 않은 사람들에 비해 건강상의 문제가 생겼을 때 적응적으로 반응하지 못하며, 건강은 더 나빠지고 삶의 만족도도 떨어지게 된다는 사실을 밝혔다.[2] 나이가 드는 것에 대한 부정적인 기대가 실제 건강까지 좋지 않게 변화시킨 것이다. 이는 내가 가지고 있는 나에 대한 믿음 역시 피드백 과정을 통해 실제로 이루어질 수도 있다는 것을 잘 보여 준다.

자신 또는 타인과의 관계에 부정적인 믿음이 실제로 이루어질 수 있다는 사실을 알게 되었다면, 당연히 상대방을 섣불리 부정적으로 판단하거나 자신에 대한 부정적인 믿음을 가지고 행동하는 것을 멈춰야 한다. 선한 믿음은 선한 결과를 가져오니 문제가 없지만, 악한 믿음은 악한 결과를 가져올 수 있기 때문이다. 그러니 처음 보는 사람과 좋은 관계를 형성하고 싶다면, 일단은 편견 없이 긍정적으로 상대방을 바라보는 것이 좋다.

사실 맨 처음 예시로 든 이야기는 내가 예전에 직접 겪었던 내용을 조금 각색한 이야기이다. 군 생활을 하던 중 같이 일하던 병사가 아무 이유 없이 썩 마음에 들지 않았는데, 그 마음이 나의 태도와 행동에 영향을 주어 그 병사 앞에서 내가 까칠하게 변하고 있다는 느낌을 받게 되었다. 그러던 와중에 자기 충족적 예언 이론이 번뜩 생각나서 마음을 고쳐먹고는 그를 부드럽게 대하기 시작했다. 지내다 보니, 처음의 근거 없던 부정적 생각과는 달리 그가 생각보다 친절하고 좋은 사람이라는 것을 알게 되었고, 전역 때까지 원만한 관계를 유지할 수 있었다. 이렇듯 괜한 근거 없는 믿음이 우리 인생에서 중요한 인연이 될 수도 있는 관계를 아예 없던 것으로 만드는 씨앗이 될 수 있다는 사실이 무섭지 않은가?

회사에서도 자기 충족적 예언은 위험할 수 있다. 새로운 곳에 가게 되면 으레 다른 구성원들에 관해 이런저런 이야기를 듣게 된다. 아직 만난 적도 없는데 어떤 팀장이 좋은 사람이고, 어떤 대리가 피해야 할 사람인지 듣게 되는 경우도 많다. 이렇게 미리 특정 상대방에 대한 평가를 듣고 믿음을 갖게 되면, 실제로 그 사람들을 마주했을 때 상대방을 대하는 태도가 미묘하게 변하면서 자기 충족적 예언의 톱니바퀴가 돌아가기 시작한다. 이런 이유로 나는 웬만하면 직접 겪기 전까지는 다른 사람들의 평가를 믿지 않으려고 한다. 실제로 몇몇 사람들이 아주 별로라고 말하던 상사와 나중에 함께 일해 보니 꽤 괜찮은 사람이어서 좋은 관계가 되었던 적이 있었기 때문이다. 만약 다른 사람의 말을 의심 없이 무조건 받아들여 괜히 그 상사를 경계하고 까칠하게 대했다면 분명 좋은 관계를 형성하지 못했을 것이다. (물론 모든 사람들이 입을 모아 별로라고 하는 사람이 있으면 그냥 믿고 경계하면 된다.)

다른 사람뿐만 아니라 자신에 대해 부정적인 태도를 갖지 않는 것 또한 중요하다. 사람들이 항상 부정적으로 생각하지 말고 긍정적으로 생각하라고 하는 것이 허무맹랑하게 들려도 심리학적으로 틀린 말이 아니다. 근거 없는 막연한 낙관주의도 지양해야 하겠지만, 매사에 비관주의적인 태도는 훨씬 더 피해야 한다. 부정적인 태도는 피드백 과정을 거쳐 삶에 더 효과적으로 대처할 수 있는 전략들을 사용할 수 없게 만들고, 결과적으로 실제 인생 자체를 비참하게 만들 수 있기 때문이다. 결국, 상황이 조금 힘들어도 긍정적으로 생각하고 부정적인 태도를 줄여 나가는 것이 좋은 삶을 사는 하나의 정답일 수 있다.

2장

내가 원하는 것을 상대도 원하게 하고 싶다면?

대리로 승진했지만 여전히 쉽지 않은 직장 생활. 부탁하고 요청해야 할 일은 왜 이렇게 많은지, 좋은 피드백을 받고 싶은데 상사는 왜 글자 크기나 간격만 지적하는지 모르겠다. 다른 사람에게 도움을 구하고, 또 도움을 받았을 때 잘 보상할 수 있는 효과적인 방법은 없을까? 내 마음을 모든 사람이 알아 주면 얼마나 좋을까!

무언가를 부탁하기 전에 먼저 해야 하는 일

호혜의 원칙

2장 내가 원하는 것을 상대도 원하게 하고 싶다면?

일반적인 사람이라면 다른 사람에게 도움을 받은 경우 고마움을 느끼고 나도 기회가 되면 상대방에게 은혜를 갚아야겠다고 생각한다. 친구에게 밥을 얻어먹었다면 다음에는 내가 계산을 하는 게 인지상정이고, 누군가가 내 생일에 선물을 줬다면 나도 그 사람의 생일에 선물을 주는 건 당연한 일이다. 이렇게 어떤 사람에게 도움이나 호의를 받게 되면 마음속에 '다음엔 내가 해줘야지' 하는 일종의 부채감이 생긴다. 이 마음의 빚을 갚기 위해 사람들은 기회가 되면 그 사람에게 호의를 되돌려 주려고 한다. 예로부터 사람들은 위와 같은 심리를 이용한 전략을 잘 사용해 오고 있는데, 심리학에서는 이를 호혜의 원칙 The law of reciprocity 이라고 부른다.

호혜의 원칙은 주변의 대형 마트만 가도 쉽게 찾아볼 수 있다. 대형 마트에 가면 곳곳의 시식 코너에서 무료로 음식을 맛볼 수 있게 해 두었다. 맛있는 냄새에 이끌려 음식을 한 점 받아먹고 나서 구매를 하지 않고 돌아서면, 마음속에 미묘한 찝찝함이 생긴다. 그 찝찝함이 바로 공짜 음식으로 인해 생긴 일종의 부채감이다. 이 찝찝함은 간단하게 해결할 수 있는데, 바로 해당 물건을 구매하면 된다.

마트 시식 이외에도 몇몇 가전제품 프로모션 중에는 제품을 사람들에게 일주일 정도 무료로 제공하여 직접 사용해 보게 한 뒤, 마음에 들면 구입하고 그렇지 않으면 반납하도록 하는 타입이 있다. 이런 프로모션 역시 일주일이나 제품을 공짜로 쓸 수 있는 호의를 받았기 때문에 왠지 반납하기엔 미안한 느낌이 드는 사람들의 심리를 이용한다. 무료로 나눠 주는 화장품 샘플이나 식당의 서비스

음식도 같은 전략이다.

심리학자 제리 버거Jerry M. Burger와 연구자들은 호혜의 원칙을 검증하기 위해 연구를 진행하였는데, 내용을 간단히 축약해 보면 다음과 같다. 연구 참가자들은 연구자가 고용한 연기자와 함께한 실험에 참여한다. 사실 이 실험은 가짜고, 진짜 실험은 참여했던 실험이 모두 끝난 뒤 본격적으로 시작된다. 가짜 실험이 끝나면, 같이 있던 연기자가 자신이 학교 관리실에 전달해야 할 봉투가 있는데 그 봉투를 대신 전달해 줄 수 있는지 참여자에게 물어본다. 여기서 일부 참여자들은 쉬는 시간에 연기자가 자판기에서 콜라를 뽑아 와 선물하는 호의를 받았고, 다른 일부는 아무것도 받지 않았다. 연구 결과, 쉬는 시간에 콜라를 받은 참여자들은 93.8퍼센트가 학교 관리실에 봉투를 전달해 주겠다고 했지만, 그렇지 않은 집단에서는 65.6퍼센트만이 봉투를 전달해 주겠다고 응답했다.[1] 뜬금없이 주어진 콜라 한 캔이 실험 참여자들에게 마음의 빚이 되어 봉투를 운반하도록 만든 것이다.

무료 음식이나 콜라와 같은 물질적인 것 외에 친절한 응대나 말 한마디도 상대방에게 빚진 마음을 갖게 한다. 마트에 가면 무료 시식 외에도 특정 브랜드의 옷을 입은 판매원이 판촉 행사를 나와 친절하게 상품을 설명하고 응대해 주곤 한다. 얼마 전 마트에서 두부를 사려고 했는데 진열 위치를 몰라 마침 앞에 있던 베이컨 판촉 행사를 나온 직원에게 위치를 물어본 적이 있다. 자신은 두부를 팔고 있는 게 아님에도 불구하고 매우 친절하게 위치를 설명해 주셨다. 두부 진열 장소에 가서 두부를 보다 보니 문득 그분의 앞치마에 새겨져 있던 로고가 생각났고, 왠지 그 브랜드의 두부를 사야 할 것 같은 느낌이 들어 해당 브랜드의 두부를 구매했다. 그저 친절한 응대를 받았을 뿐인데도 뭔가 보답해 주고 싶은 마음이 생긴 것이다.

일상생활에서도 생일에 맞춰 축하 메시지를 보내 주는 사람은 더 친밀하게 느껴지고, 기억해 두었다가 그 사람의 생일이 되면 똑같이 축하를 해주곤 한다. 받은 게 있으니 돌려줘야 한다는 마음도 있겠지만, 단순하게 사람들은 나에게 잘해 주는 사람을 더 좋아하고, 나도 더 잘해 주고 싶은 마음을 갖기 마련이다. 호혜의 원칙은 이렇게 꼭 물질적인 호의가 아니라 말과 행동으로도 작동하기 때문에 일상에서 유용하게 사용할 수 있는 심리 법칙이다.

또 호혜의 원칙은 본인이 원하지 않은 호의라도, 내가 별로 좋아하지 않는 사람이 준 호의라도 작동한다. 그렇기 때문에 내가 먼저 무언가를 기꺼이 내주는 것은 상대방에게 원하는 것을 얻어 낼 수 있는 가장 효과적인 전략 중 하나라고 할 수 있다. 항상 친절하고 웃는 얼굴로 상대방을 대하거나, 음료수나 과자 같은 작은 선물을 준 뒤 내가 원하는 부탁을 한다면, 상대방이 내 부탁을 들어줄 확률이 높아진다. 물론 여기서 신경 써야 할 점이 있다. 앞서 살펴보았던 제리 버거의 연구에서는 호의가 주어진 뒤 부탁을 하는 시점 역시 중요하다는 사실을 밝혔다. 연기자가 콜라를 주고 나서 일주일 뒤에 동일한 부탁을 참여자들에게 했을 땐, 75.8퍼센트만이 부탁을 수락하였다. 즉, 호의를 베풀고 나서 단기간 내에 부탁을 할

수록 상대방이 수락할 확률이 높다. 그러니 웬만하면 상대방이 내가 베푼 호의를 까먹기 전에 부탁을 하자.

호혜의 원칙을 반대로 생각해 보면, 세상에 공짜란 없다는 사실을 알 수 있다. 당연히 내가 받은 호의 역시 마음의 빚이 되어 나를 구속하게 된다. 누군가가 나에게 잘 대해 주는 경우, 가까운 미래에 나는 그 사람의 부탁을 거절하기 어려워진다. 내가 별로 좋아하지 않는 사람의 호의도 마음의 빚을 만들기 때문에, 별로 부탁을 들어주고 싶지 않은 사람이라면 애초에 밥이나 커피를 얻어먹는 행위는 하지 않는 게 좋다. 어쩔 수 없이 내 의지와 상관없이 호의를 받게 된다면, 그 호의에 다른 이유를 붙여 마음의 빚을 사전에 청산하는 것도 하나의 방법이다. 저 사람은 원래 나를 기분 나쁘게 했으니 이 정도 호의는 당연히 받아도 된다고 생각하는 등 말이다.

상대방은 나의 칭찬을 진심으로 받아들일까?

사소한 칭찬의 힘

최근 일주일 동안 칭찬을 받은 적이 있는가? 아마도 없는 경우가 대부분일 테고, 있어 봤자 손에 꼽을 정도일 것이다. 기억을 더 과거로 돌이켜 보면 우리 모두 어린 시절에는 선생님이나 부모님에게 종종 칭찬을 받곤 했다. 하지만 나이가 들어감에 따라 일상에서 칭찬을 받는 경험은 점점 줄어드는 것 같다. 직장에 다니고부터는 욕을 먹었으면 먹었지, 누군가에게 칭찬을 받는 일은 연례행사 수준이 되어 버린 게 현실이다. 최근 기억에서는 찾기 힘들 수도 있겠지만 칭찬을 받았을 때의 감정을 떠올려 보면, 뭔가 우쭐하기도 하고 기분도 좋아졌을 것이다. 또 칭찬을 해준 사람에게 조금 더 긍정적인 태도를 갖게 되고, 관계도 더 돈독해지는 느낌을 받았을 것이다. 사실 타인과 좋은 관계를 맺는 데 칭찬만큼 좋은 것은 없다. 그래서 사람들은 처음 누군가와 만났을 때 칭찬으로 대화를 시작하곤 한다.

그렇다면, 직장에서도 주변 사람들을 칭찬하고 더 좋은 관계를 맺으면 되지 않을까? 잘 맺어진 관계는 직장에서 일하는 데 큰 자산이 되니까 말이다. 하지만 이렇게 쉬운 방법을 왜 우리는 활용하지 못하고 오히려 칭찬에 인색한 사람이 되어 버리는 걸까? 아마도 누군가를 막상 칭찬하려니 좀 쑥스럽기도 하고, 상대방이 어떻게 생각할지 걱정이 되어서가 아닐까? 내가 하는 칭찬을 상대방이 진심으로 받아들일지, 나를 아부하는 사람으로 보지는 않을지 생각이 많아진다. 하지만 에리카 부스비 Erica J. Boothby와 버네사 본스 Vanessa K. Bohns의 연구에 따르면 위와 같은 생각들은 모두 우리의 오해다.

두 연구자들의 논문에 따르면, 우리는 칭찬의 효과를 매우 과소평가하고 있으며 상대방의 반응에 대해서도 많이 오해하고 있다.[1] 연구에 포함된 실험 중 한 가지의 내용은 다음과 같다. 연구자들은 대학생으로 이루어진 실험 참여자들에게 대학교 캠퍼스 내 식당, 건물 로비 등의 장소로 가서 네 번째로 만나는 상대방에게 간단한 칭찬을 하게 하였다. 굳이 네 번째로 만나는 사람인 이유는 무작위로 칭찬받는 사람을 선택하기 위한 장치이다. 칭찬은 옷차림과 관련된 내용이었는데, "셔츠(드레스 또는 재킷)가 좋아 보이네요!"와 같은 것이었다. 칭찬을 한 뒤에 참여자들은 상대방에게 설문지 작성을 요청하였고, 이것을 받아 다시 실험실로 돌아가는 것이 실험의 대략적인 내용이다.

여기서 참여자들은 칭찬을 하러 가기 전에 자신의 칭찬이 상대방을 얼마나 기분 좋게 할지 예측하는 설문지에 응답을 하였고, 칭찬을 받은 사람들의 설문지 역시 이와 비슷하게 자신이 받은 칭찬이 얼마나 기분이 좋았는지 응답하는 내용으로 구성되어 있었다. 실험 결과, 칭찬을 받은 사람들은 칭찬을 하는 사람들이 예측한 것보다 더 기분이 좋아졌다. 즉, 칭찬을 하는 사람은 자신의 칭찬이 상대방을 얼마나 기쁘게 할지 과소평가한다는 것이다. 사람들은 칭찬받는 것을 생각보다 꽤 좋아한다.

이와 유사한 방식으로 연구자들은 칭찬을 주고받는 사람들을 대상으로 몇 가지 실험을 더 진행하였다. 실험 결과, 사람들은 자신의 칭찬이 긍정적으로 받아들여질 것이라고 생각할 때 칭찬을 더 많이 하는 경향이 있었다. 하지만 사람들은 칭찬을 받는 사람들이 그 칭찬을 불편하고 귀찮게 생각할 것이라고 과도하게 추정하는 경향도 있었다. 이는 사람들이 칭찬을 잘 하지 않는 원인 중 하나가 상대방의 반응을 오해하기 때문임을 보여 준다.

생각해 보면, 아이들은 칭찬을 받으면 기분이 좋은 게 겉으로 티가 많이 나서 반응을 오해하기 어렵지만, 성인들은 아이들만큼 기분이 좋은지 직접적으로 티를 잘 내지 않는다. 그래서 우리가 어릴 때 칭찬을 더 많이 받았을지도 모른다. 같은 논문에서 연구자들은 칭찬을 받은 사람과 한 사람의 기분도 측정하였는데, 놀랍게도 칭찬을 하고 나면 칭찬을 받은 사람뿐만 아니라 칭찬을 한 사람의 기분 역시 더 좋아졌다.

연구 결과에 따르면, 칭찬은 나에게나 상대방에게나 기분이 좋아지고 관계에도 도움이 되는 행동이다. 그러니 회사에서 하루에 한 번 정도는 누군가를 칭찬해 보자. 사소한 것이라도 좋다. "오늘 신발이 예쁘네요!", "오늘 점심 메뉴 선정 완벽하네요!" 같이 말이다. 물론 아닌 걸 억지로 칭찬하는 것은 좋지 않다. 칭찬은 진정성이 있을 때 더 효과가 좋기 때문이다. 업무적으로도 "어제 줬던 보고서 정리가 참 잘 되어 있네요!" 같은 칭찬을 건네 보자. 보통은 업무상으로 피드백을 준다며 부족한 부분만을 지적하는 경우가 많다. 그게 상대방에게 도움이 될 거라고 생각하기 때문일 수도 있고, 다른 사람을 비판하면서 일시적으로 자존감이 올라가는 사람도 있기 때문이다. 하지만 피드백을 줄 때 잘한 부분을 칭찬하는 것 역시 꼭 필요하다. 사람들은 기분이 좋을 때 비판을 더 잘 받아들이는 경향이 있는데,[2] 칭찬은 사람들을 기분 좋게 하는 가장 쉬운 방법이기 때문이다.

마지막으로, 내가 누군가에게 칭찬을 받았을 때 확실하게 미소와 감사로 긍정적인 피드백을 주자. 옷이 예쁘다고 칭찬을 하면, 내심 기분이 좋으면서 말로는 이 옷이 엄청 오래된 거라든지, 자기는 그렇게 생각하지 않는다든지 하고 반응하는 사람들이 종종 있다. 이런 부정적인 반응을 하면 상대방은 더 이상 칭찬을 하지 않게 될 것이다. 내가 칭찬을 즐겁게 받아 줘야 상대방도 더 칭찬을 많이 하게 되고 서로에게 긍정적인 효과가 커질 테니, 고운 말에는 더 곱게 반응하자.

어려운 부탁, 어떻게 쉽게 요청할까?

문간에 발 들여놓기 전략

심리학을 지금 당장 실생활에서 체험해 보고 싶은가? 그러면 사람이 많은 지하철 출구 앞에 가서 어수룩한 모습으로 혼자 서 있어 보자(단, 인상이 좀 무서운 사람에게는 아쉽게도 체험 기회가 주어지지 않는다). 그저 길거리에 서서 시간이 조금만 지나면 저절로 체험 기회가 주어진다. 도를 설파하는 일명 '도민맨'들을 통해서 말이다. 도민맨들은 보통 설문 조사를 해 달라거나 길을 물어보는 등의 부탁을 먼저 한다. 그런데 그 부탁을 들어주고 나면, 잠깐 상담을 해준다고 하거나 좋은 말씀을 들으러 가자고 한다. 그냥 처음부터 도를 믿으시냐고 물으면 빠르게 거절할 수 있을 텐데, 왜 도민맨들은 길을 물어보거나 설문 조사를 하는 등 전혀 관계없는 부탁을 먼저 하는 걸까?

문간에 발 들여놓기 전략 Foot-in-the-door technique에 따르면, 사람들은 사소한 부탁을 먼저 들어준 경우, 뒤이어 오는 부탁을 잘 거절하지 못하는 경향이 있다. 우리에겐 다양한 심리적 본능이 있는데 그중 하나가 심리적 일관성을 유지하고자 하는 것이다. 심리적으로 일관성을 유지하지 못하는 경우 내적인 불편함을 느끼게 되므로, 사람들은 가급적 행동이나 사고를 일관되게 유지하려고 한다. 분명히 잘못된 사실을 말했는데도 인정하지 않고 끝까지 우긴다거나, 기존에 가지고 있는 믿음과 반대되는 사실을 접하면 가짜 뉴스라고 합리화하는 모습들이 모두 심리적 일관성을 유지하려고 하는 행동들이다. 부탁을 들어주는 상황도 이와 마찬가지다. 이미 한 가지 부탁을 들어준 상태에서 다음 부탁을 들어주지 않는다면 일관성을 유지하지 못하기 때문에 심리적으로 불편함을 느끼게 되고, 어쩔 수 없이 다음 부탁을 들어줄 확률이 높아진다.

심리학자 조너선 프리드먼Jonathan L. Freedman과 스콧 프레이저Scott C. Fraser는 문간에 발 들여놓기 전략의 효과를 검증하기 위해 실험 하나를 설계했다. 실험의 내용은 주부들에게 특정한 부탁을 하고, 그것을 얼마나 들어주는지 알아보는 내용이었다. 그 부탁은 대여섯 명의 남성이 집으로 들어가, 사용하고 있는 가정용품들의 종류를 파악하는 조사를 2시간 정도 해도 되는지 물어보는 것이었다.

낯선 사람들이 집에 들어와서 가정용품들을 조사하는 상황은 대부분 사람에게 그리 유쾌한 상황은 아니다. 연구자들은 사소한 부탁을 먼저 들어준 사람들은 이 꺼림칙한 부탁을 들어줄 확률이 더 높을 것이라고 가정했다. 그래서 한 집단의 주부들에게는 직접 집에 들어가서 하는 조사를 부탁하기 전에 전화로 먼저 간단한 설문을 부탁하여 응답하게 하였고, 다른 집단의 주부들에게는 전화 설문 없이 바로 대여섯 명의 남자가 집에 들어가 조사를 할 수 있는지 물어보았다.

실험 결과, 사전에 전화 설문에 응답한 집단의 주부들은 약 53퍼센트가 2시간 동안 가정용품을 조사할 수 있게 사람들을 집으로 들였고, 그렇게 하지 않은 집단의 주부들은 약 22퍼센트만이 부탁을 들어주었다.[1] 앞서 전화 설문이라는 작은 부탁을 수락했을 뿐인데, 낯선 사람이 집에 들어와서 2시간 동안 집안을 들쑤시고 다니는 꺼림칙한 부탁을 절반이 넘는 사람들이 이어서 허락한 것이다.

이렇게 한 번 부탁을 들어주게 되면, 이어지는 부탁까지 모두 들어줘 버리게 될 가능성이 높다. 도민맨들 말고도 길거리에서 대학생처럼 보이는 친구들이 다가와 셋 중 하나의 선택지에 스티커 붙이기 따위를 부탁한 뒤에, 갑자기 5분만 시간을 내달라고 하는 경우가 있다. 시간을 내주면 기부 단체 팸플릿을 보여 주고 마지막에는 회원 가입서나 기부 약정서를 쓰게 하는데, 아주 대표적인 문간에 발 들여놓기 전략을 사용한 예시이다.

나 역시 비슷한 경험을 한 적이 있다. 어느 날 지하철역에서 어떤 아저씨가 승차권을 어디서 끊는지 물어봐서 친절하게 기계 앞까지 데려다준 적이 있다. 그런데 기계 앞에 가니 그분이 기계 사용법을 잘 모르겠다며 특정 역까지 가는 표를 찾아 달라고 해서 기계도 조작해 줬다. 그러자 표 값이 없다며 2천 원만 달라고 해서 얼떨결에 표 값까지 내주고 말았다. 뭔가 묘하게 그 상황에서 싫다고 말하기 어려워서 모든 부탁을 다 들어줬는데, 지나고 보니 상습범에게 당했다는 사실을 깨달았다.

이 사건을 겪은 이후로 개인적으로 수상한 사람이 길을 물어본다거나 이상한 소리를 하면, 웬만해선 들은 척도 하지 않거나 잘 모른다고 대답해 버린다. 혹자는 진짜 길을 모르는 사람일 수도 있는데 사회가 너무 각박해지는 게 아니냐고 항변할 수도 있다. 하지만 나처럼 거절을 잘 못하는 성격이라면 그나마 거절하기 쉬운 작은 부탁일 때 선제적으로 거절하는 것이 터무니없는 부탁까지 들어주지 않을 수 있는 최선의 방법이다.

한발 더 나아가서, 도민맨들에게 매번 속지만 말고 우리도 문간에 발 들여놓기 전략을 써먹어 보자. 꼭 상대방이 내 부탁을 들어줬으면 한다면, 무작정 내가 원하는 부탁을 바로 하지 말고 사소한 부탁부터 시작해 보는 것이다. 상대방이 별다른 거부감 없이 들어줄 수 있을 만한 정말 사소한 것이 적절하다. 내가 원래 부탁하고자 하는 것과 전혀 관련이 없는 내용이어도 괜찮다.

직장 동료에게 업무 관련 부탁을 하는 상황이라면? 자리로 찾아가서 바로 말하지 말고 잠깐 사무실 밖에서 이야기할 수 있는지 물어보거나, 카페에 같이 가자고 제안해 보자. 먼저 자리를 옮기자는 부탁을 한 이후에 진짜 내가 원하는 부탁을 하는 것이다. 흔쾌히 같이 밖으로 나가거나 카페에 간다면 상대방이 문간에 발은 들여놓았다고 보면 된다. 이미 자리를 옮기는 수고로움을 겪었기 때문에, 상대방이 다음 부탁도 수락할 확률이 높아진다. 문간에 발 들여놓기 전략은 사용하기에 그렇게 어려운 전략은 아니니, 한번 실천해 보자.

불리한 건 아껴 뒀다가
나중에 보여 주자

낮은 공 기법

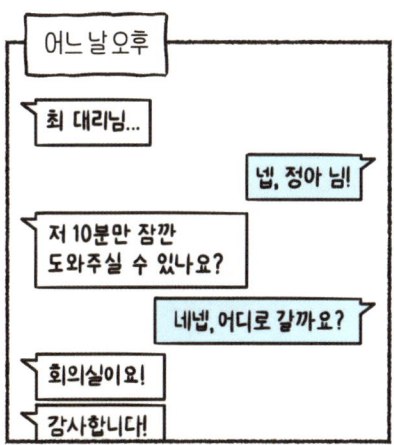

가끔 인터넷에서 물건을 구매하려고 검색을 하다 보면 같은 제품인데 월등히 싼 가격에 판매되고 있는 경우가 있다. 신나는 마음에 클릭해 보면, 색깔, 크기 등의 옵션을 선택할 때마다 추가 금액이 붙어 결국엔 다른 곳과 최종 구매 금액이 비슷해진다. 화룡점정으로 배송비 3천 원까지 별도로 붙으면 속았다는 허탈함을 넘어 분노가 차오른다. 이와 비슷하게 매우 싼 가격에 물건을 구매해서 기분이 좋았지만, 실제로 사용하려고 보니 추가적인 부품이나 특정한 프로그램 구매가 필요했던 경우가 있을 것이다. 전동 드릴을 싸게 샀는데 기능을 모두 사용하려면 추가적인 부품을 사야 한다거나, 무료 또는 아주 싼 가격으로 게임을 샀는데 확장판을 별도로 구매하지 않으면 매우 제한적인 부분만 플레이할 수 있게 해 놓은 경우가 대표적이다.

이런 마케팅 사례들은 바로 낮은 공 기법**Low-ball technique**이라는 전략을 사용한 것이다. 낮은 공이란 야구에서 투수가 타자 앞에서 아래로 뚝 떨어지는 공을 던지면, 타자가 이에 속아 배트를 휘두르게 되는 상황에서 나온 말이다. 처음에는 가운데로 날아오는 공처럼 상대적으로 좋은 조건을 먼저 제시해서 상대방의 개입을 이끌어 낸 후, 실제로 거래가 일어날 때에는 숨겨 두었던 비용이나 조건을 공개하는 것이 낮은 공 기법의 핵심이다.

보험 가입을 권유하는 보험 설계사들의 설득 방법에도 이와 비슷한 전략이 사용된다. 보험 설계사들은 처음엔 사람들이 보험 가입을 하고자 하는 마음을 먹도록 좋은 조건들을 집중해서 홍보하며 상담을 시작한다. 보장 범위가 얼마나 넓고, 이 보험이 얼마나 삶에 도움이 되며, 보험료가 얼마나 합리적인지를 주로 어필하는데, 특약 사항이나 불리한 조건은 나중이나 제일 마지막에 설명하곤 한다. 좋은 조건들을 먼저 들으면서 가입을 마음먹은 뒤에는 웬만해선 사람들이 마음을 바꾸지 않는다는 사실을 이용하는 것이다.

낮은 공 기법은 주로 자동차 딜러들의 세일즈 전략으로도 많이 사용되었는데, 미국의 심리학자 로버트 치알디니Robert B. Cialdini와 연구자들은 이 전략이 실제로 효과가 있다는 사실을 간단한 실험을 통해 검증하였다. 연구자들은 한 심리학 실험에 참여할 대학생들을 두 가지 방법으로 모집하였다. 첫 번째 방법은 아침 7시에 실험이 시작한다는 사실을 명시하고, 이에 참여할지 물어보는 방식이었다. 반면에 두 번째 방법은 먼저 실험 참여 동의를 받고 나서, 실험이 아침 7시에 시작한다는 조건을 재차 밝히며 실험에 참여할지 다시 물어보는 방식이었다.

실험 결과, 사전에 실험 시작 시간을 밝히며 동의를 구하는 경우에는 31퍼센트만이 참여에 동의하였지만, 먼저 동의를 받고 시간을 밝힌 경우 56퍼센트가 실험에 참여하겠다고 하였다.[1] 실제 실험이 진행되는 날의 참석률에도 차이가 있었는데, 실험 시간을 먼저 알고 동의한 학생들은 77퍼센트의 참석률을 보였지만, 먼저 동의를 받고 실험 시간을 들은 학생들은 95퍼센트의 참석률을 보였다. 즉, 나쁜 조건을 나중에 들은 사람들이 동의를 할 확률도 높고, 실제로 그 행동을 할 확률도 높았다.

낮은 공 기법 역시 문간에 발 들여놓기 전략과 마찬가지로 일관성을 유지하고자 하는 사람들의 본능을 이용하는 전략이다. 내가 내린 결정이 잘못되었다는 걸 인정하거나, 이미 어느 정도 진척이 이루어진 사항을 원래대로 되돌리는 건 심리적으로 큰 불편함을 야기한다. 구입한 제품이 실제로 사용할 수 없을 정도로 심각한 결함이 있지 않은 이상 마음에 꼭 들지 않아도 이미 산 물건을 반품하거나 교환하지 않는 선택을 하는 게 바로 이런 심리 때문에 나타난다.

좋은 조건들을 먼저 제시하고, 나중에 추가적인 비용이나 불리한 조건을 공개하는 건 우리가 실생활에서 쉽게 사용할 수 있을 법한 설득 전략이다. 하지만 이 기법은 함부로 사용하면 안 되는데, 잘 생각해 보면 일종의 사기처럼 느껴질 수도 있기 때문이다. 앞서 알아봤던 문간에 발 들여놓기 전략은 처음 부탁보다 조금 더 큰 새로운 부탁을 하는 것이지만, 낮은 공 기법은 결함이나 단점들을 숨기고 우선 제안을 수락하게 하는 것이기 때문에 받아들이는 사람 입장에서 기분이 나쁠 가능성이 높다. 개인적으로는 메신저로 다짜고짜 "미안하지만, 간단한 부탁 좀 들어줄 수 있어?"라고 물어보는 사람들을 싫어한다. 낮은 공 기법을 알고 하는지는 모르겠지만, 여기서 먼저 알겠다고 말한 뒤 듣게 되는 내용은 십중팔구 별로 간단하지 않은 경우가 많았기 때문이다. 그래서 보통은 섣불리 대답하지 않고 도대체 무슨 부탁인지 진실을 먼저 파악하고 행동하려 한다.

이처럼 계속해서 얼굴을 보고 관계를 이어 나가야 하는 사람에게 낮은 공 기법을 사용하는 것은 사실 그다지 좋은 전략은 아니다. 실제로 사용하고자 한다면 일회성으로 계약을 맺는다거나 물건을 판매하는 등 단기간에만 관계를 유지할 사람을 대상으로 하는 편이 안전하고 효과적이다. 만약 매일 얼굴을 보는 사람들에게 사용한다면 상대방의 기분이 크게 상하지 않을 정도의 조건만 숨기는 것이 좋다. 만화의 예시처럼 물건을 옮기는 것만 도와달라고 부탁한 뒤에 추가적인 정리까지 부탁한다거나, 이삿짐 정리를 도와달라고 한 이후에 쓰레기를 버리는 것까지 부탁하는 등의 경우를 생각해 볼 수 있다.

반대로 상대방의 의도를 파훼하는 용도로 사용하는 방법도 있다. 낮은 공 기법이 일관성을 유지하고자 하는 심리에서 작동한다는 점을 떠올려 보자. 상대방이 어떤 것을 부탁할 때 항상 숨겨진 조건이 없는지 되묻고, 내가 개입하는 상황의 테두리를 확실히 규정한다면 거절 후에도 심리적 일관성을 유지하기 쉽기 때문에 무리한 추가적인 요구가 오더라도 그 상황에서 쉽게 벗어날 수 있을 것이다.

원하는 피드백을
이끌어 내는 방법

정교화 가능성 모델

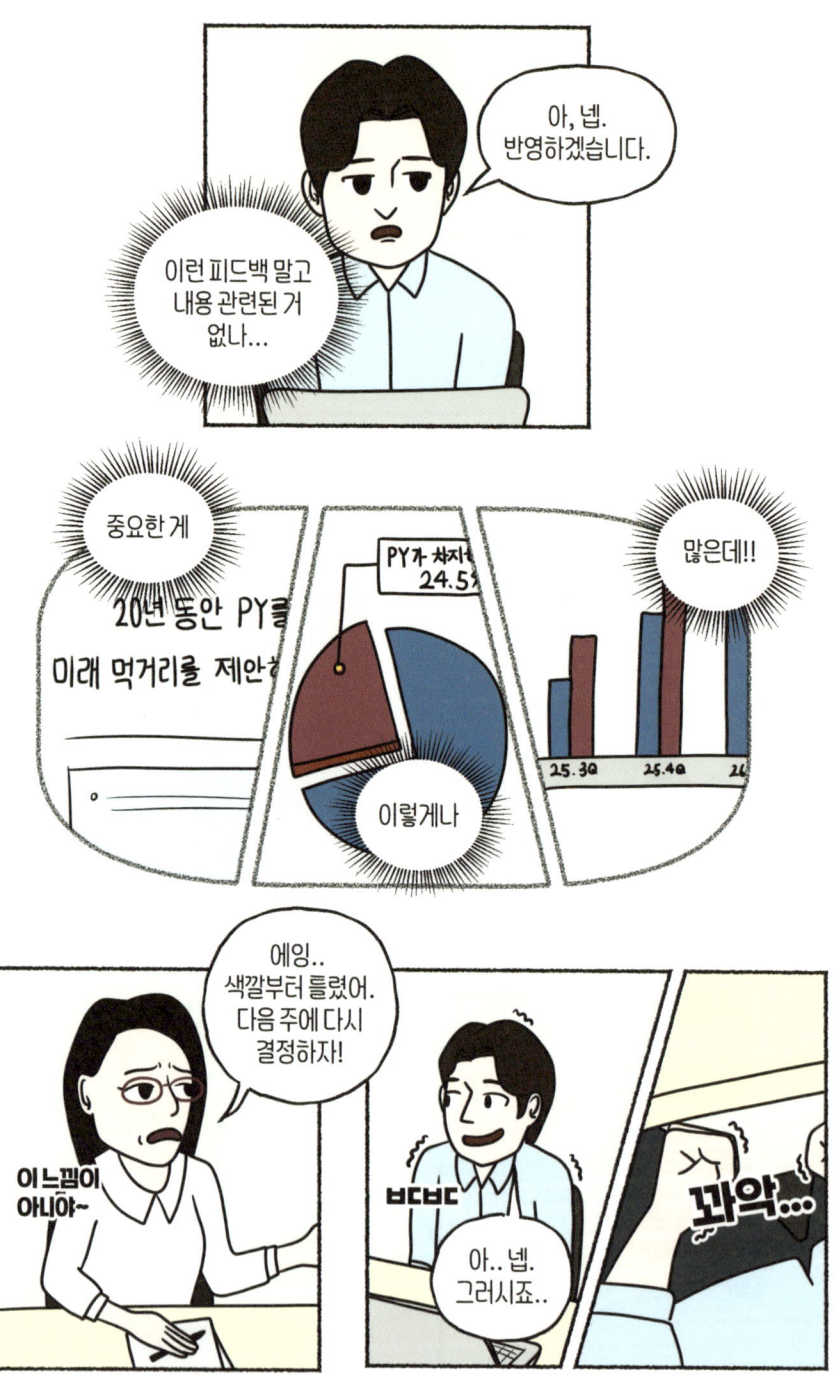

왜 상사들은 내가 가져간 제안서의 주요 내용은 제대로 읽지도 않고 맞춤법이나 줄 간격, 표 음영 색깔 이야기나 하는 걸까? 꼼꼼히 읽어 본다면 분명히 기가 막히게 좋은 제안이라는 걸 알 텐데 말이다. 어떤 날에는 내가 별로 중요하지 않다고 생각했던 사소한 부분은 오히려 열심히 보고 예상하지 못한 관련 질문들을 쏟아 내곤 한다. 이 사람들은 왜 내가 중요하다고 생각하는 내용을 알아주지 못하는 걸까? 원인을 파악하기 위해서는 상대방이 나의 주장을 받아들이는 메커니즘을 알아야 한다.

어떤 제안을 하거나 주장을 하는 건 곧 상대방을 설득하고자 하는 과정이다. 누군가를 설득하려고 하는 사람은 상대방이 내가 전달하는 내용을 주의 깊게 살펴볼 것이라 생각하지만, 사람들이 모든 정보를 항상 주의 깊게 처리하는 것은 아니다. 어떤 경우에는 설득의 내용을 꼼꼼하게 따져가며 파악하지만, 어떤 경우에는 근거의 개수가 얼마나 많은지, 나를 설득하고 있는 사람이 얼마나 호감이 가게 생겼는지 등 주장의 내용과는 전혀 관계없는 부분에 신경을 쓰곤 한다. 설득의 정교화 가능성 모델Elaboration likelihood model에서는 사람들이 위와 같은 두 가지 방식으로 설득 메시지를 처리한다고 본다. 간단히 말하면, 상황에 따라 사람들은 설득 메시지를 정교하게 처리하기도 하고 엉성하게 처리하기도 한다는 뜻이다.

정교화 가능성 모델에 따르면, 설득 메시지의 내용을 꼼꼼하게 살펴보며 정교하게 처리하면 중심 경로Central route, 주장하는 내용 외의 다른 부차적인 것 위주로 생각해서 처리하면 주변 경로 Peripheral route를 통한 처리로 분류한다. 여기서 설득 메시지를 중심 경로로 처리하기 위한 가장 중요한 요소는 해당 메시지가 자신과 얼마나 관련이 있는가 하는 부분이다. 심리학자 리처드 페티 Richard E. Petty와 존 카치오포 John T. Cacioppo는 실험을 통해 해당 사실을 밝혔다.

연구자들은 실험에 참여한 대학생들에게 전공 관련 종합시험을 시행하자고 주장하는 내용의 글을 읽게 하였다. 참여자들은 조건에 따라 3가지 또는 9가지 주장이 포함된 글을 읽게 배정되었는데, 이 조건은 주변 경로(주장의 단순 개수)를 이용하는지 알아보고자 하는 의도가 숨어 있다. 다음으로, 해당 주장들은 각각 설득력이 높은 것도 있고 낮은 것도 있었는데, 이는 중심 경로(주장의 내용)를 이용하는지 알아보고자 하는 것이다. 설득력이 높은 주장은 '종합시험을 시행하고 있는 학교의 졸업생들이 더 높은 연봉을 받는다' 등의 내용이었고, 설득력이 낮은 주장은 '종합시험을 시행하면 다른 학교 학생들과의 수준을 비교해 볼 수 있다'처럼 당연한 사실을 언급하는 내용이었다. 여기에 더해 연구자들은 종합시험을 시행하고자 하는 시점을 내년 또는 10년 후로 나누어 참여자들에게 제시하였는데, 이는 개인적인 연관성을 구분하기 위한 것이다. 당장 내년에 정책이 시행되면 글을 읽는 학생들과 관련이 높은 상황, 10년 후면 별로 관련이 없는 상황이다.

학생들은 글을 읽은 뒤에 종합시험 시행에 대한 호불호, 얼마나 도움이 될지 등에 응답했다. 학생들의 응답을 분석한 결과, '1년 뒤에 종합시험을 시행한다'라는 개인적인 연관성이 높은 조건에서 학생들은 설득력의 수준, 즉 중심 경로를 통해 태도를 결정했다. 설득력 수준이 높은 주장들이 많이 제시되면 해당 시험 시행에 옹호하는 응답이 많아졌고, 설득력이 낮은 주장들은 오히려 많이 제시될수록 시험 시행을 싫어했다. 반면에 '10년 뒤에 종합시험을 시행한다'라는 개인적인 연관성이 낮은 조건에서는 그저 주장의 수가 많아질수록 시험 시행을 좋게 생각하는 경향을 보였다.[1]

이렇게 똑같은 글을 읽더라도 그 내용이 자신과 관련이 있는지 없는지에 따라 정보를 처리하는 방식이 달라진다. 위 실험 결과는 우리가 기획안이나 제안서를 작성하고 제안 발표를 할 때 시사하는 바가 크다. 상사들이 맞춤법이나 PPT 디자인을 언급하며 이러쿵저러쿵 말한다면 주변 경로로 내 주장을 처리하고 있을 가능성이 높다. 이는 곧 해당 내용이 자신과 별로 관련이 없다고 생각하고 있기 때문일 수 있다. 아무리 좋은 내용을 담았어도 듣는 사람이 나는 관련 없는 사람이라고 생각한다면, 결과는 이상한 방향으로 흘러갈 수 있다.

결국 어떤 내용을 주장하고자 한다면, 상대에게 그것이 자신과 관련이 있다는 사실을 일깨워 주어야 한다. 프로젝트 제안 발표를 한다면 참여한 사람들의 소속 부서가 해당 프로젝트와 밀접한 관련이 있는 곳이라는 사실을 처음에 말한다거나, 이 프로젝트가 단기적으로 부서에 어떤 영향을 미칠지 강조하는 것이 하나의 방법이다. 처음에 자신이 이 프로젝트와 밀접히 관련되어 있다는 사실을 접하면, 뒤이어 오는 내용들에 집중할 가능성이 커질 것이다. 제안서를 쓸 때에도 가장 앞부분에 제안 내용이 회사와 제안서를 읽을 사람들에게 어떤 영향을 끼치게 될지 강조하면 좋다. 이렇게 하면 제안서의 통과 유무를 떠나서 적어도 자간, 장평이 아닌 내용과 관련한 생산적인 피드백을 받을 확률이 올라갈 것이다. 반대로 주변 경로를 이용한 꼼수를 생각해 볼 수도 있다. 장기적으로 효과가 나타나는 프로젝트 같은 경우에는 단순히 이 프로젝트가 얼마나 다양한 효과를 가져올지 주장의 수만 늘려도 사람들이 협조할 가능성이 높다. 먼 미래의 일은 보통 자신과 별로 관련이 없다고 생각하므로 주변 경로를 이용할 테니 말이다.

상대의 동의를 구하는 가장 효과적인 방법

동조 효과

심리학자들에게 사회심리학 분야에서 제일 잘 알려진 연구 10개를 뽑아 보라고 하면, 아마 미국의 심리학자 솔로몬 애쉬의 선분 실험은 거의 무조건 포함될 것이다. 애쉬의 선분 실험은 1950년대에 이루어진 꽤 오래된 실험인데, 사회적 압력이 개인의 행동에 큰 영향을 미친다는 사실을 밝힌 동조 효과Conformity effect의 대표적인 실험이다.

실험의 구성을 살펴보면, 애쉬의 선분 실험에는 7~9명의 사람이 참여한다. 여기서 진짜 참여자 1명을 제외하고 나머지 사람들은 모두 연기자다. 물론 진짜 참여자는 다른 사람들도 모두 자신과 같은 실험 참여자라고 생각하는 상황에서 실험이 진행된다. 이들이 수행할 실험 과제는 쉽게 설명하면, Z라는 선분 1개와 서로 길이가 다른 A, B, C라는 3개의 선분이 제시되었을 때, Z와 길이가 같은 선분을 A, B, C 중에서 고르는 과제였다.

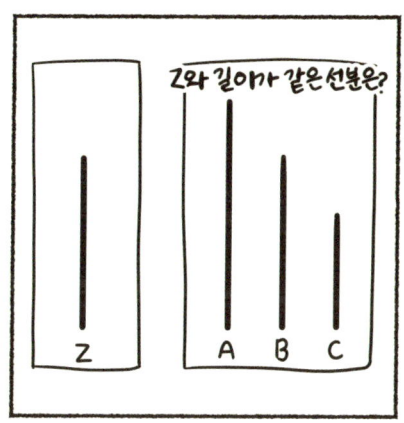

글로 읽으면 어렵게 느껴질 수 있지만, 그냥 한 선분과 길이가 같은 선분을 고르면 되는 과제이고, 실제 제시된 선분들도 길이 차이가 확연하여 누가 봐도 정답을 맞힐 수 있는 수준이었다. 하지만 여기서 문제가 발생한다. 순서대로 답을 말하는 방식으로 과제를 풀게 되는데, 먼저 대답하는 연기자들이 연속해서 동일한 오답을 말하는 상황이 벌어진다. B가 Z와 명백하게 길이가 같음에도 불구하고 다른 연기자들은 C라고 답을 하는 상황이다. 실험에서 이와 같은 선분 길이 맞히기 과제를 여러 번 수행하였는데, 여러분은 같은 상황에 처하면 매번 꿋꿋이 정답을 외칠 수 있을까?

상상으로는 어지간히 명청한 사람이 아니고서야 당연히 정답을 계속 말할 것이라고 자신만만하겠지만, 실험 결과 참여자의 약 75퍼센트가 최소한 한 번은 명백히 잘못된 답을 말했다.[1] 혼자서 과제를 수행했을 때는 참가자의 95퍼센트가 만점을 받았을 정도로 쉬운 과제였음을 생각해 보면 충격적인 결과다. 애쉬의 선분 실험은 워낙 유명한 실험이라 인터넷에 실험하는 장면의 사진도 볼 수 있고, 몇몇 다큐멘터리에서 비슷한 실험을 한 적도 있으니 직접 찾아보는 것을 추천한다. 연기자들이 모두 오답을 말하자 당황하는 진짜 참여자의 표정이 재미있다.

이처럼 다수의 의견에서 파생되는 무언의 압력은 개인의 행동에 큰 영향을 미친다. 우리가 어떤 물건을 구입할 때 리뷰가 10개인 제품보다 100개인 제품을 선택하거나, 리뷰가 5개에 별점이 5점인 가게보다 리뷰가 100개에 별점이 4.8점인 가게에서 저녁 메뉴를 배달시키듯 말이다.

　코로나19가 한창 창궐하던 2021년 초, 나는 처음 주식 투자를 시작했다. 회사에 갈 때마다 모든 사람이 주식 이야기를 하고, 돈이 복사가 되는데 왜 주식을 하지 않느냐는 이야기도 많이 들었다. 인터넷을 해도 주식 이야기가 가득하고, TV를 봐도 주식 이야기가 계속해서 나오던 때였다. 모두가 같은 이야기를 하니, 주식 투자를 하지 않는 내가 이상한 사람 같았다. 더는 안되겠다는 생각에 어느 날 퇴근 후 홀린 듯 증권사 앱을 깔았고, 다음 날 S 전자의 주식을 구입했다. 투자 결과가 궁금하다면 2021년 1월에 S 전자의 주식이 얼마였는지 검색해 보면 된다.

　개인적으로 안정 지향적인 투자를 선호하는 입장이라 주식 투자는 크게 고려하지 않는 사람임에도 불구하고, 다수의 사회적 압력은 극복하기 어려웠다. 이렇게 사람들은 사회적 압력에 꽤 취약하다. 한 연구에서는 자신의 의견이 집단의 의견과 다르다는 사실을 깨달았을 때, 뇌에서 부정적 감정 및 공포를 담당하는 부위인 편도체가 활성화된다는 사실을 밝혔다.[2] 이를 통해 다수와 다른 의견을 갖는 경우 사람들은 굉장히 고통스러운 감정을 느끼기 때문에 자신의 의견을 바꾼다는 것을 알 수 있다.

　우리는 이처럼 다수의 사람들이 동일한 의견을 제시하는 경우 똑같이 따라가야만 할 것 같은 강한 압박을 받는다. 즉, 내가 꼭 관철시키고 싶은 내용이 있다면, 그것을 다수 또는 개인보다 큰 집단의 뜻으로 만들면 상대방이 받아들일 확률이 높아진다는 이야기다. 예를 들어, 나의 주장이 아니라 팀에서 결정한 것, 많은 사람이 동의한 것이라는 식으로 의견을 잘 포장해 보자. 애쉬의 실험에서는 동조자의 수가 3명이 넘어가면 사람들이 잘못된 답을 말할 확률이 매우 높아졌으니, 적어도 3명 이상의 이름은 빌리는 게 좋다.

애쉬의 선분 실험에서 보다시피 명백하게 틀린 것도 맞는다고 대답할 정도이니, 일상생활에서 마주하는 모호한 문제에 대한 개인적인 생각은 다수의 의견 앞에서 더욱 무력하다. 물론 가짜로 협박을 하라는 건 아니다. 뭔가를 제안하거나 협상을 할 때 구성원들의 의견을 먼저 취합하거나, 사전 설문 조사를 통한 데이터로 다수의 의견임을 보여 주려는 노력 정도는 해야 한다. 많은 사람들이 해당 의견을 지지한다는 사실을 접하고도 자신의 의견을 계속 고수하기란 쉽지 않다. 그것은 꽤 고통스러운 일이기 때문이다.

주변 사람들과의 관계와 집단의 목표, 규범을 중시하는 집단주의적 한국 문화에서 동조 효과를 이용한 전략은 상당히 효과적일 수 있다. 실제로 여러 나라에서 실시되었던 선분 실험과 유사한 실험들을 모두 모아, 개인주의 문화를 가진 서양 국가 쪽 결과와 집단주의 문화를 가진 동양 국가 쪽 결과를 비교했을 때, 집단주의 문화를 가진 동양 국가 쪽에서 잘못된 답을 말하는 비율이 더 높았다[3]. 한국 역시 집단주의 문화를 가지고 있기 때문에 다수의 의견에 동조할 확률이 더 높다. 그러니 앞으로 상대방의 의견을 바꾸고 싶다면 다수의 의견으로 잘 포장해서 제시해 보자.

도움을 받았을 때 어떻게 보상하는 게 좋을까?

변동 비율 강화

반려견의 문제 행동을 교정하는 〈세상에 나쁜 개는 없다〉 등의 TV 프로그램이 한동안 인기였다. 강아지가 특정 행동을 하면 훈련사가 간식으로 보상하거나 목줄을 조이며 처벌하는 모습이 나오는데, 훈련사가 이런 훈련을 하는 이유는 강아지에게 특정 행동이 해야 하는 것인지 하지 말아야 하는 것인지를 학습시키기 위해서다. 프로그램 말미에 가면 이런 간단한 과정들을 거쳐 반려견의 문제 행동이 놀라울 정도로 쉽게 교정되는 모습을 볼 수 있다. 〈우리 아이가 달라졌어요〉나 〈금쪽같은 내 새끼〉 같은 프로그램을 보더라도, 아이들에게 구미가 당기는 보상을 문제 행동 뒤에 적절히 줘여 주면서 특정 행동을 학습시킬 때 문제 행동이 쉽게 교정되곤 한다.

이렇게 특정 행동 뒤에 보상을 주거나 부정적 자극을 주는 등 어떠한 개입을 통해 그 행동의 빈도를 증가시키거나 감소시키는 방법을 조작적 조건 형성이라고 한다. 그중 특정 행동을 증가시키는 것을 강화라고 하는데, 행동 뒤에 돈과 같은 보상을 지급하거나 기존에 있던 불편한 요소를 제거해 줌으로써 그 행동을 강화할 수 있다.

조금 모호할 수 있는 후자의 예를 들어 보자. 보통 자동차는 안전벨트를 하지 않으면 경고음이 울리고 안전벨트를 한 후에야 경고음이 멈추도록 설계되어 있다. 이때 경고음(불편한 요소)을 없애 주는 것이 일종의 '보상'으로 작용한다고 볼 수 있다. 이와 반대로 부정적 자극을 줌으로써 행동을 감소시키는 '처벌'의 방식도 있다. 체벌같이 직접적으로 부정적 자극을 주거나 용돈을 줄이는 등 가지고 있는 것을 빼앗아 간접적으로 부정적 경험을 주는 것을 생각하면 된다.

조작적 조건 형성은 저명한 미국의 심리학자 버러스 프레드릭 스키너^{Burrhus F. Skinner}가 제창한 이론으로, 교육학이나 상담 등 다양한 분야에서 행동 교정에 널리 쓰이고 있다. 조작적 조건 형성은 예시로 든 강아지나 어린아이들에게만 적용되는 것이 아니라 동물이라면 보편적으로 적용할 수 있는 이론이다.

하지만 보상과 처벌을 통해 형성된 특정 행동은 영구적으로 우리에게 남아 있지 않다. 행동에 대한 보상과 처벌이 꾸준히 주어지지 않는다면, 어느 순간부터는 특정 행동이 다시 감소하거나 증가하여 원래 상태로 돌아가게 된다. 학자들은 이런 현상을 막고, 효과적으로 행동을 학습시키기 위해 다양한 강화 계획을 설계하였다. 그중 가장 효과적으로 행동을 강화하고 오래 유지시킬 수 있는 강화 계획이 바로 변동 비율 강화 계획^{Variable ratio reinforcement schedule}이다.

제일 단순한 강화 계획은 특정한 행동을 할 때마다 바로바로 보상을 줌으로써 행동을 증가시키는 것이다. 이 계획은 가장 단순하기 때문에, 보상이 사라지면 가장 빠른 시간 내에 행동은 원상 복구된다. 반면에 변동 비율 강화 계획은 강화를 위해 특정 행동에 대한 보상을 변화하는 비율에 따라 간헐적으로 지급한다. 쉽게 말해, 특정 행동을 했을 때 랜덤 확률로 보상을 주는 방식이다.

확률형 아이템을 팔고 있는 요즘의 모바일 게임들이 바로 변동 비율 강화 계획을 사용한 모델이라고 볼 수 있다. 게임 유저들은 뽑기 아이템을 구매하는데, 해당 뽑기에서 본인이 원하는 특정 아이템이 언제 나올지는 전혀 알 수 없다. 즉, 보상이 언제 주어질지 알 수 없으므로 극악의 확률을 뚫고 얻은 아이템은 매우 큰 보상으로 작용하고, 유저들의 구매 행동을 크게 강화시킨다. 사실 변동 비율 강화 계획을 사용하는 대표적인 예시가 경마, 도박, 복권 등이다. 이를 보면 확률형 아이템을 팔고 있는 모바일 게임을 일각에서는 '도박'이라고 부르는 것이 아예 일리가 없는 말은 아니다.

한때 인형 뽑기에 중독되었던 적이 있다. 열 번을 시도해서 한 번을 뽑을까 말까 한 상황에서 인형을 뽑았을 때의 그 쾌감에 중독되었던 것이다. 한번 인형을 뽑으면 그 인형을 뽑기 위해 투자했던 수많은 천 원 권들은 기억 속에서 사라져 버리고, 영광의 순간을 재현하기 위해 다시 극심한 출혈이 이루어지게 된다. 진정한 고수가 아닌 이상 언제 인형이 뽑힐지 예측할 수 없고, 단순히 운이 좋았을 때만 인형이 뽑히곤 한다. 즉, 인형 뽑기 또한 변동 비율 강화 계획이 숨어 있는 게임이며 쉽게 중독되는 성격을 가진다. 이렇게 행동이 강화되고 나면 그 행동을 끊기는 매우 힘들다. 보상이 어떤 방식으로 주어지는지 메커니즘을 유심히 살펴보고, 이것이 변동 비율 강화 계획을 이용하고 있다면 시작 자체를 하지 않는 게 중독으로 인한 불필요한 출혈을 사전에 방지할 수 있는 방법 중 하나다.

쉽게 특정 행동을 많이 하게 만들 수 있고, 그 행동을 오래 지속하게 만드는 데 변동 비율 강화 계획이 효과적이라는 사실을 알게 되었다면, 우리도 다른 사람이 내가 원하는 행동을 할 수 있도록 설계해 볼 수 있지 않을까? 가장 간단한 방법으로는 누군가에게 특정 행동에 대한 보상을 어떨 때는 주고 어떨 때는 주지 않는 규칙을 생각해 볼 수 있다. 흔히 회사에서 동료나 후배에게 도움을 받으면 커피를 한잔 사곤 하는데, 매번 사지 말고 간헐적으로 사 주는 변동 비율 강화 계획을 사용해 보자.

    단, 복잡하거나 중요한 업무가 아닌 단순 업무일 때 효과가 좋다. 우리가 커피를 사 주는 이유는 추후 나에게 더 잘 협조하게 만들기 위한 전략이라는 걸 잊어선 안 된다. 복잡하거나 중요한 업무일 경우 나를 도와주는 이유가 다양할 수 있기 때문에, 커피라는 보상이 행동과 직접적으로 연결되지 않을 가능성이 높다. 그 일이 '커리어에 도움이 될 것 같아서', '업무 능력 향상에 도움이 될 것 같아서' 등의 특별한 이유가 개입되지 않는 간단한 업무가 적절하다. 짐을 들어 준다거나 서류를 정리하는 등 단순 반복 업무를 도와줬을 때 간헐적으로 커피를 사 준다면, 커피를 받은 사람은 어느 순간부터 내가 뭔가를 부탁할 때마다 무의식 속에 커피가 떠오르며 도움을 주려고 할 것이다. 매번 커피를 사 주면 돈도 많이 들고 시간이 지나면 강화의 효과가 쉽게 사라질 테지만, 어쩌다 한 번씩 사 주면 오히려 돈도 아끼고 도움도 더 오랫동안 받을 수 있다. 단, 탕비실에 비치된 믹스 커피를 주면 강화가 아니라 처벌의 효과가 날 수 있으니 보상의 퀄리티에도 신경을 쓰자.

3장

일 잘하는 사람은 어떻게 일할까?

일잘러가 되는 길은 멀고도 험하다. 일은 넘쳐나는데 일할 시간은 왜 항상 없는 건지! 자잘한 실수는 왜 자꾸 반복하며, 왜 하기 싫은 일들만 잔뜩 쌓여 있는지 모르겠다. 다른 사람들은 놀고 나만 일하는 것 같은 이유는 뭘까? 번뜩이는 아이디어는 어떻게 생겨날까? 목표를 이루는 확실한 방법이 있을까? 그 와중에 과장 최도진에게 주어진 첫 프로젝트, 잘 해낼 수 있을까?

매일 야근하는 사람들의 특징?

계획 오류

회사에 출근해서 업무를 하다 보면, 아침과 점심에는 비교적 여유롭다가 퇴근 시간이 가까워질수록 점점 더 바빠져 결국 일할 시간이 부족해지는 경험을 종종 한다. 우리 곁에는 항상 퇴근 시간에 임박해서 업무를 던져 주는 상사가 있기도 하지만, 돌발 상황이 생기거나 시간 분배를 제대로 하지 못해서 이런 일이 벌어지는 경우가 대부분일 것이다.

아니면, 회사에 지각을 하는 상황을 한번 생각해 보자. 늦잠을 자서 애초에 지각이 확정된 경우를 제외하고는 지각을 계획하는 사람은 없다. 당연히 모든 사람은 제시간에 회사에 도착할 계획으로 집을 떠나지만, 버스와 지하철, 도로 상황은 내 희망 사항을 들어줄 생각이 없다. 아슬아슬하게 놓친 20분 배차 간격의 버스, 오늘따라 앞차와의 간격을 자주 조정하는 지하철, 고속도로에서 터진 교통사고 등 마치 그날이 지각을 하기로 정해진 날이어서 우리가 지각을 할 수밖에 없는 것처럼 보인다.

사람들은 보통 계획을 세울 때 지나치게 낙관적으로 미래를 생각하곤 한다. 내 출근길에는 모든 교통편이 이상적인 시간에 도착하리라 믿고, 내가 이용하는 도로에 교통사고는 없을 거라고 생각한다. 업무를 할 때도 이 정도 일은 반나절이면 충분하다고 생각하지만, 업무를 시작하고 얼마 지나지 않아 그렇게 생각했던 과거의 자신을 욕하고 있는 나를 발견하게 된다. 심지어 같은 상황을 몇 번이나 겪어봤음에도 항상 똑같은 행동을 반복하며 후회한다. 이렇게 어떤 일을 할 때 계획 단계에서 그 일에 소요되는 시간을 과소

평가하는 경향을 계획 오류 Planning fallacy 라고 한다.

심리학자 대니얼 카너먼 Daniel Kahneman 과 아모스 트버스키 Amos Tversky 가 계획 오류 개념을 처음 제안하였는데, 그들은 사람들이 특정 프로젝트를 완수하는 데 필요한 시간을 과소평가하는 경향이 있다고 주장하였다. 여기에 더해 과거에 계획을 잘못 세웠던 경험이 상당히 많은 경우에도 이런 경향이 나타난다고 말했다.

한 연구에서 연구자들은 실험에 참여한 학생들에게 마감 기한이 있는 과제를 수행하게 하고, 시간이 얼마나 걸릴지 예측하게 하였다. 사전에 학생들에게 학교를 다니면서 해당 과제와 비슷한 과제를 하는 데 시간이 얼마나 걸렸는지 물어보았을 때, 학생들은 보통 마감 기한 하루 전에 완성했다고 답했다. 하지만 본 실험에서 과제 완료 시점을 예측하게 했을 때는 평균적으로 마감 기한 6일 전에는 완료할 수 있다고 응답했다. 과거의 경험에도 불구하고 과제를 하는 데 걸리는 시간을 과소평가한 것이다. 실제로 실험이 시작되자, 자신이 말한 완료 예상 일자에 맞게 과제를 완료한 학생은 약 30퍼센트에 불과했고, 대부분은 마감 기한이 임박해서야 과제를 완료했다.[1] 인간의 욕심은 끝이 없고, 같은 실수를 반복한다는 걸 잘 보여 주는 연구 결과다.

여러 연구에 따르면 사람들은 다양한 분야에서 계획 오류를 범한다. 도서관에서 책을 찾을 때, 편지를 쓸 때, 에세이를 쓸 때, 컴퓨터 스탠드를 조립할 때, 심지어 크리스마스 쇼핑을 할 때 걸리는 시간까지 과소평가하는 모습을 보인다.[2] 계획 오류는 시간뿐만 아니라 실제 투입되는 비용을 예측하는 데까지 확장될 수 있다. 내 집 마련을 위해 청약을 알아보다 보면 계속해서 분양 일정이 미뤄지고, 분양가도 예상 금액보다 높아지는 경우를 자주 보게 되는데 모두 계획 오류의 대표적인 사례다.

예상했던 일정이 미뤄지면 곤란한 상황에 처하게 될 확률이 높기 때문에 계획 오류를 최소화하는 건 우리 삶에 중요하다. 계획 오류를 막기 위해서는 계획 오류가 왜 일어나는지부터 알아야 하는데, 주된 두 가지 이유는 우리가 미래를 너무 이상적이고 낙관적으로 예측한다는 점과 과거의 경험을 경시한다는 점이다.[3] 계획을 세울 때 사람들은 보통 가장 이상적인 시나리오에 집중한다. 이상적인 시나리오만 생각하다 보니 다른 변수들은 고려하지 않게 되고, 자신이 계획한 대로 일이 흘러가지 않을 가능성은 과소평가한다.

또한, 앞선 연구에서도 언급했듯 사람들은 과거에 계획이 틀어졌던 경험이 있어도 대수롭지 않게 생각한다. 과거에 계획이 틀어졌던 이유는 그 상황이 특수했기 때문에 그런 것이고, 지금 내가 하고 있는 일은 별개의 일이기 때문에 이번엔 다르다며 낙관적으로 일정을 세운다. 지각을 하는 상황을 다시 예로 들면, 과거에 지각을 했던 날 버스가 늦게 왔던 건 특수한 상황이었기 때문에 오늘 출근길엔 해당 변수를 고려하지 않는 것이 계획 오류가 벌어지는 메커니즘이다.

계획 오류를 범하지 않기 위해서는 위에서 언급한 '이상적인 시나리오에만 집중한다'라는 점, '과거의 경험을 무시한다'라는 점을 보완하면 좋다. 어떤 업무를 하기 위한 계획을 세웠다면, 그 계획을 업무와 관련이 없는 사람과 공유하여 피드백을 받는 방법이 있다. 업무와 관련이 없는 사람은 일을 언제까지 마쳐야 한다는 의무감이 없기 때문에, 해당 업무 자체에 더 주의를 기울인다. 그래서 이상적인 계획에 집착하지 않을 수 있고, 다양한 변수들을 고려하여 보다 정확하게 소요 시간 및 자원을 평가할 수 있다.[4] 누군가와 계획을 공유하는 것이 어려운 상황이라면, 스스로 제3자의 입장에서 계획을 다시 살펴보는 것도 도움이 될 수 있다.

다음으로, 업무의 진행 상황을 꼼꼼히 기록해 두고, 나중에 계획을 세울 때 참조하는 것도 하나의 방법이다. 기억에만 의존하여 과거의 경험들을 어렴풋이 참고하거나, 예전 경험은 특수한 상황이라며 무시하는 것보다는 기록을 바탕으로 계획을 세우는 쪽이 훨씬 정확하다. 어림짐작하여 세운 낙관적인 계획을 맹신하지 말고, 다양한 변수들이 포함되어 있는 실제 경험을 기반으로 계획을 세우는 것이다. 그러기 위해서는 꼼꼼한 기록이 필요하다. 대부분의 사람이 기획안과 결과 보고서 작성에는 많은 시간을 투자하지만, 과정을 기록하는 데에는 소홀한 경향이 있다. 한창 업무를 하는 동시에 과정을 기록하는 게 버거울 수는 있다. 하지만 일단 하기만 한다면 미래에 유사한 업무를 할 때 정확한 계획을 세우기 위한 큰 자산이 될 수 있으니 한번 시도해 보자.

어떻게 실수를 줄일 수 있을까?

사고의 이중 과정 이론

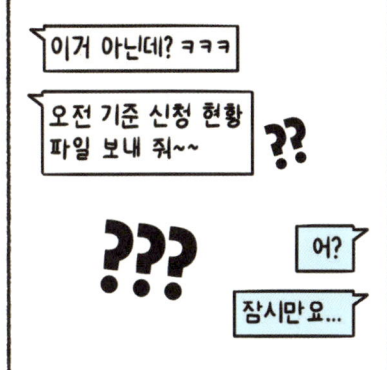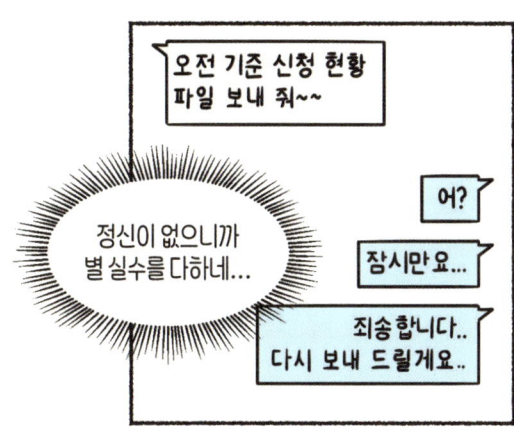

만화에서 본 것 같은 일이 우리에게 왜 일어나는지 파악하기 위해서는 일단 우리의 사고에 대해 먼저 알아볼 필요가 있다. 평소에 잘 생각하지 않는 부분이지만, 우리의 사고에도 종류가 있다. 한 가지는 느리고 꼼꼼하게 이루어지는 사고이고, 다른 하나는 빠르고 자동적으로 이루어지는 사고다.[1] 느리고 꼼꼼하게 이루어지는 사고는 신중한 사고인데, 우리가 흔히 '사고한다'라고 할 때 떠오르는 이미지를 생각하면 된다. 어려운 수학 문제를 풀거나, 중요한 업무를 처리하거나, 남자친구 또는 여자친구에게 쓸 편지의 내용을 생각할 때 사용되는 사고가 바로 느리고 꼼꼼하게 이루어지는 사고다. 반면에 빠르고 자동적으로 이루어지는 사고는 어떤 판단이나 행동을 할 때 숙고 없이 신속하게 이루어지는 사고다. 검은 양복을 입은 사람을 보면 장례식장에 간다고 생각하거나, 인터넷에서 음식 메뉴를 검색했을 때 제일 위에 뜨는 식당을 무심코 맛집이라고 생각하는 것 등이 이러한 사고의 일종이다.

두 가지 종류의 사고 중 빠르고 자동적으로 이루어지는 사고를 따로 떼어 내어 발견법, 어림법 또는 휴리스틱Heuristics이라고 부른다. 휴리스틱은 쉽게 '직관'이라고 생각하면 되는데, 복잡한 추론이나 논리 대신에 기존에 가지고 있던 경험이나 지식 등 극히 일부분의 정보만을 바탕으로 결정을 내리거나 판단하는 것을 말한다. 만약 우리가 모든 순간순간마다 골똘히 생각한 뒤 결정을 내리고 행동한다면 어쩌면 위험한 상황에 처하게 될지도 모른다. 섬뜩한 으르렁거리는 소리를 들었을 때 그 소리가 무엇일까 분석하고 행동한다면, 그 사이에 이미 맹수의 한 끼 식사가 되고도 남을 것이다. 빨갛게 양념 된 음식은 매울 것이라 생각하고, 가격이 비싼 음식점은 요리의 맛이나 서비스가 좋을 것이라고 생각하는 게 효율적인 사고방식이다.

휴리스틱의 종류를 조금 더 알아보면, 가용성 휴리스틱 Availability heuristic 과 대표성 휴리스틱 Representativeness heuristic 이 있다. 가용성 휴리스틱은 머릿속에서 쉽게 떠오르는 사례들은 발생 확률을 더 높게 생각하며, 쉽게 떠오르지 않는 사례들은 발생 확률을 낮게 생각하는 경향을 말한다. 보통 뉴스에서는 하루 동안 발생한 살인, 강도, 대형 화재 등 다양한 사건 사고들을 보도한다. 실제로 인생에서 저런 대형 사건 사고들을 목격하거나 직접 경험할 확률은 매우 낮지만, 미디어에 자주 노출되다 보니 혹시 집에 불이 나지는 않을까, 강도를 당하지는 않을까 실제보다 과도하게 걱정하게 되는데, 이것이 가용성 휴리스틱이 작용한 예시이다.

대표성 휴리스틱은 자신이 가지고 있는 대표적인 고정관념에 따라 전체적인 대상의 특성을 판단하는 경향성이다. 만약 외국 사람들이 연예인 김종국을 만난다면 대부분 그의 직업을 헬스트레이너나 운동선수라고 생각할 것이다. 검게 그을린 피부, 떡 벌어진 대흉근, 화가 잔뜩 난 등 근육을 보면 김종국을 미성의 목소리를 가진 가수라고 생각하기는 쉽지 않다. 기존에 가지고 있던 헬스트레이너 또는 운동선수의 특징을 바탕으로 김종국의 직업을 유추하는 대표성 휴리스틱이 작용한 것이다.

이렇게 휴리스틱은 분명히 효율적이지만, 오류가 발생할 수 있기에 주의해야 한다. 한 연구에서, 연구자들은 학생들에게 5초 동안 특정한 곱셈 문제를 보여 준 뒤 답을 유추하게 하였다. 한 집단에는 '8×7×6×5×4×3×2×1'이라는 문제를 보여 주었고, 다른 집단은 '1×2×3×4×5×6×7×8'을 보여 주었다. 두 문제는 사실 숫자의 배열만 다를 뿐 답은 같은 문제이다. 8부터 시작하는 문제를 본 집단에 속한 학생들이 제출한 답의 중간값은 2250이었고, 1부터 시작하는 문제를 본 학생들이 제출한 답의 중간값은 512였다.[2] 사람들은 보통 왼쪽에서 오른쪽으로 글을 읽기 때문에 작은 숫자로 시작하는 문제를 본 학생들은 값을 적게 추론하는 오류를 범한 것이다. 실제 답은 40320이다.

휴리스틱은 우리가 알아차리기도 전에 자동적으로 이루어지기 때문에 이미 진행되고 있는 사고를 붙잡아 수정할 수는 없다. 대신 어떤 조건에서 휴리스틱이 많이 사용되는지 파악하여 휴리스틱의 사용을 제한하고 숙고하는 사고를 늘린다면 오류를 줄일 수 있을 것이다. 휴리스틱은 주어진 시간이나 정보가 제한적이거나 다른 생각을 할 여력이 없을 때 주로 사용된다.[3] 시간이나 심적 여유가 부족할 때는 깊게 생각하거나 논리를 따질 새가 없기 때문이다. 따라서 중요한 일을 할 때는 상대적으로 넉넉한 시간적 여유를 가지고 그 한 가지 일에만 집중하는 것이 좋다. 제한된 시간 내에 그다지 중요하지 않은 빠른 결정을 내려야 할 때는 휴리스틱에 몸을 맡기는 것이 좋은 방법이지만, 중요한 판단이나 결정을 내려야 할 때는 조금 더 숙고하는 느린 사고가 필요하기 때문이다.

단순한 문서 작업이나, 일지 작성, 반복 업무 등 결과가 크게 중요하지 않은 루틴화된 일은 타이트하게 시간을 잡고 진행해도 무방하며, 여기서 남은 시간을 사업 계획서나 보고서 작성 등 중요한 업무에 더 많이 배정하는 등 시간 관리가 필요하다. 중요한 업무를 하는데 시간의 압박으로 인해 휴리스틱 사고로 일을 처리한다면, 자신의 기존 경험에 의존하여 무심코 부정확한 판단을 내릴 수 있다. 실무자가 아닌 관리자의 입장에서도 팀원에게 모든 업무를 무조건 빨리 처리하라고 닦달하고, 결정을 내리라고 압박해서는 안 된다. 업무 지시를 내리기 전에 신중하게 업무의 경중을 따져 분류하고, 서로 다른 완료 기한을 제시하는 것이 휴리스틱으로 인한 오류를 줄이는 방법이다.

하기 싫은 일을
빠르게 끝내는 법

자이가르닉 효과

웹툰은 보통 일주일 중 특정 요일에 한 화가 연재된다. 웹툰의 마지막은 항상 새로운 사건이 막 시작하거나, 중요한 부분이 나오기 바로 직전에 끊기는 특징이 있다. 이렇게 찝찝하게 끝을 보고 나면 다음 화는 이야기가 어떻게 진행될지 궁금해서 관련된 생각들이 머릿속에서 계속 맴돌게 된다. 드라마나 애니메이션 등의 시리즈물들도 웹툰과 마찬가지로 중요한 순간에 한 화가 끝나거나, 마지막에 다음 이야기를 조금 보여 줘서 감질나게 만든다. 그래서인지 일부 웹툰의 댓글에서는 '아, 완결 나고 볼걸 괜히 지금 봤네!' 같은 말을 하는 사람들이 종종 보인다. 중요한 부분에서 내용을 끊어 버려 한 주 동안 머릿속에서 생각이 맴도는 것을 참기가 힘들다면, 댓글처럼 아예 완결이 나고 읽기 시작하는 게 맞는 방법이다.

자이가르닉 효과Zeigarnik effect는 완결이 되었거나 완료한 일보다 그렇지 못한 일을 더 잘 기억하는 심리 현상을 뜻한다. 웹툰의 경우에 매주 연재되는 회차 분을 보는 중에는 세부적인 사건들도 기억이 잘 나지만, 완결이 나서 스토리가 완전히 끝나고 나면 구체적인 내용은 금방 잊고 만다. 한 화, 한 화가 개별적인 스토리로 진행되어 결말까지 나오는 옴니버스 형식 웹툰은 몇 주 건너뛰어도 상관없지만, 매화 내용이 이어지는 스토리형 웹툰은 연재 요일이 되면 꼭 봐 줘야 한다. 게임도 마찬가지다. 게임을 한창 플레이하고 있을 때는 어디에 뭐가 있고, 어떻게 조작해야 하는지 구체적인 내용들이 머릿속에 있지만, 엔딩을 보고 나면 그런 구체적인 내용들은 생각보다 금세 잊힌다. 조금 지저분한 이야기이기는 하지만, 쾌

변을 한 것은 별로 기억에 남지 않아도 중간에 끊은 건 하루 종일 거슬리고 신경 쓰인다는 걸 생각해 보면, 자이가르닉 효과를 빠르게 이해할 수 있을 것이라고 믿는다.

자이가르닉 효과는 미완성 효과라고도 불리며, 이를 처음으로 연구한 러시아의 심리학자 블루마 자이가르닉Bluma Zeigarnik의 이름을 딴 심리 법칙이다. 자이가르닉 효과를 연구하게 된 계기는 일상에서 발견되었다. 식당의 웨이터가 주문을 받을 때, 손님들에게 아직 제공되지 않은 주문 목록은 웨이터가 놀라울 정도로 잘 기억하지만, 손님들에게 음식이 모두 제공된 후에는 주문 목록을 전혀 기억하지 못한다는 사실에 착안하여 연구가 시작되었다.

자이가르닉은 성인들을 대상으로 실 감기, 종이접기, 구슬 꿰기, 퍼즐 등 여러 과제들을 하는 연구를 진행했다. 다양한 과제 중 절반의 과제는 끝까지 마치게 했으며, 나머지 절반의 과제는 사람들이 열심히 하던 도중에 끼어들어 그만두게 한 뒤 다음 과제로 넘어가게 했다. 일련의 과정들이 모두 끝난 후에, 사람들에게 자신이 수행했던 과제들을 떠올려 보라고 했을 때, 도중에 멈추고 넘어갔던 과제를 완료했던 과제보다 약 2배가량 더 많이 기억했다.[1]

자이가르닉 효과는 TV 광고 등 마케팅 분야에서 많이 사용되곤 한다. 한 마케팅 분야의 연구에 따르면, 궁금증을 불러일으키거나 결론이 나지 않는 광고가 사람들의 기억에 더 오래 남는다고 한다[2]. 연구자들은 자이가르닉 효과를 이용한 광고가 소비자들에게 호기심을 유발하고, 더 오래 해당 브랜드를 생각하게 만들어 소비 행동으로까지 이어지게 한다고 해석했다.

　일상생활에서도 우리는 모두 자이가르닉 효과를 경험한 적이 있다. 어린 시절 형제자매와 사소한 다툼을 하고 서로 서먹서먹한 상태로 찝찝하게 시간을 보냈던 적이 있지 않은가? 아니면 친구와 말다툼 후 그냥 헤어져, 분함과 미안함, 후회 등의 감정을 붙잡고 고통스러웠던 적이 있을 것이다. 다퉜을 때의 세세한 상황과 주고받았던 말들이 계속 떠오르고, '이때 이렇게 했어야 하는데' 같은 생각을 하면서 말이다. 이는 모두 갈등 상황이 제대로 마무리되지 않은 상태로 남아 있기 때문에 일어나는 현상이다. 이 찝찝한 상황을 해결하는 방법은 두 가지가 있는데, 서로 화해를 하거나 아니면 한바탕 제대로 해서 확실히 매듭을 지으면 된다. 실제로 서로 화해를 하면 묵었던 체증이 쑥 내려가면서, 다퉜던 내용이나 감정들은 기억에서 금방 사라진다.

　'사람을 짜증 나게 하는 방법에는 2가지가 있다. 첫 번째는 말을 하다 마는 것이고'라는 유명한 인터넷 밈이 있다. 아마 이번 주제가 여기서 끝난다면 자이가르닉 효과 때문에 모두 이 책에서 이번 주제가 제일 기억에 남을 것이다. 그렇게 되는 것은 별로 원하지 않으니, 대신 자이가르닉 효과를 일상에서 유용하게 사용할 수 있는 방법을 알아보자.

　만약, 마감 기한이 있고 꼭 해야 하는 일이 있다면, 빠른 시일 내에 일단 시작부터 하는 편이 좋다. 한 번에 모든 것을 끝내려고 할 필요도 없고, 꼭 어느 수준까지 마무리해야 할 필요도 없다. 단지 책상 앞에 앉아서 아주 조금이라도 일을 시작하자. 일단 일을 시작하고 나면, 자이가르닉 효과에 의해 그 일이 머릿속을 계속 맴돌게 될 것이다. 매일매일 마무리하지 못한 일이 떠오를 테고, 나아가 당신을 책상 앞에 앉혀 일을 하게 만들 것이다.

그렇다고 욕심을 내서 여러 가지 일을 찔끔찔끔 시작만 해 두어선 안 된다. 자이가르닉 효과를 이용하여 일을 완료하는 전략은 끝내지 못한 일에 대한 불편함을 이용하는 것이다. 그런데 만약 10가지 일을 동시에 시작한다면, 자이가르닉 효과로 인한 불편함은 우리가 집중할 수 있는 수준을 뛰어넘어 오히려 방해가 될 가능성이 높다. 정말로 자이가르닉 효과를 이용하고 싶다면, 자신이 감당할 수 있는 수준의 일만 진행하는 것이 중요하다. 중요도와 마감 기간 등을 고려하여 우선순위를 정해 한두 개씩 순서대로 시작해 보자.

술 마시면서 발표 준비를 하면 안되는 이유

상태 의존 기억

가수나 국가대표 운동선수들은 실전에서 최고의 결과를 내기 위해 실제 공연 장소에서 리허설을 하고, 본 경기가 치러질 경기장과 비슷한 환경을 조성해 놓고 훈련을 한다. 실제 공연이나 경기를 하게 될 곳과 유사한 환경에서 연습을 하면, 환경에 미리 적응하여 실전에서의 긴장감을 덜어 줄 수 있고, 많은 경우 실제로 더 좋은 결과를 얻기도 한다. 스포츠에서 원정 경기보다 홈경기에서 승률이 더 높은 이유 중 하나이기도 하다. 그렇다면 우리가 실제 시험이 치러질 강의실이나 시험장과 비슷한 환경에서 시험 대비 공부를 한다면 시험을 더 잘 볼 수 있을까?

상태 의존 기억State-dependent memory 이론에 따르면, 실제로 어느 정도 도움이 된다. 공연, 운동 경기 등 신체 활동뿐만 아니라 우리의 기억도 학습을 하는 환경 또는 맥락에 큰 영향을 받는데, 이런 기억의 특성을 상태 의존 기억이라고 한다. 영국의 심리학자 덩컨 고든Duncan R. Godden과 앨런 배들리Alan D. Baddeley는 잠수부들을 데리고 단어를 암기하는 연구를 진행했다. 그들은 잠수부들에게 물속에 들어간 상태에서 단어를 외우게 한 다음, 외웠던 단어를 각각 물속과 물 밖에서 떠올리게 했다. 그러자 놀랍게도 물 밖보다 물속에서 단어들을 더 많이 떠올렸다.[1] 물 바깥에서 단어를 암기하게 한 경우도 있었는데, 이 경우 물 바깥에서 단어를 더 많이 회상했다. 단어를 암기했던 상황과 환경이 실제로 단어를 떠올리는 데 영향을 주었던 것이다.

상태 의존 기억의 다양한 연구에 따르면, 학습을 하는 장소뿐만 아니라 다른 다양한 요인들도 우리의 기억에 영향을 미친다. 냄새도 그중 한 요소이다. 관련 연구에서 연구자들은 실험 참여자들을 두 그룹으로 나누어 꽃향기가 나는 향수를 뿌려 둔 방과 불쾌한 냄새가 나는 황화암모늄을 가져다 둔 방에 각각 들어가게 하였다. 참여자들은 방 안에서 각기 다른 여성들의 증명사진 50여 장을 보며, 사진 속 여성이 얼마나 매력적인지 등을 평가하는 몇 가지 과제를 수행했다.

이틀이 지난 후 연구자들은 참여자들을 다시 불러, 향수를 뿌려 둔 방과 악취가 나는 방에 다시 들여보낸 뒤, 증명사진들을 보여 주며 이 사진이 이틀 전에 봤던 사진이 맞는지 아닌지 응답하게 하였다. 재미있게도, 첫날 좋은 향이 났던 곳에서 사진을 봤던 사람들은 이틀 뒤에 같은 향이 나는 방에서, 악취가 났던 곳에서 사진을 봤던 사람들은 같은 악취가 나는 방에서 사진 속 얼굴들을 더 잘 기억했고, 처음과 다른 냄새가 나는 방에 들어간 경우에는 정확도가 떨어졌다.[2] 다른 연구들에서는 냄새뿐만 아니라, 학습을 하는 상황에서의 약물 사용 여부나 음주 여부, 듣고 있던 배경 음악 등도 기억에 영향을 미친다는 사실들이 밝혀졌다.[3]

지금까지 살펴본 연구 결과들은 학습을 할 때 우리는 우리가 기억하고자 하는 목표물만 기억을 한다고 생각하지만, 실제로는 학습을 하는 장소, 당시에 나던 냄새, 들리던 소리 등도 함께 묶음으로 기억한다는 사실을 보여 준다. 따라서, 앞서 말했던 다양한 요소들 중 한 가지가 일종의 단서나 신호 역할을 하면 함께 묶음으로 저장되어 있던 기억들이 더 쉽게 떠오를 수 있다.

　상태 의존 기억은 우리 일상에서 아주 유용하게 사용될 수 있는 심리학 이론이다. 먼저, 승진 시험이나 중요한 자격증 시험을 앞두고 있을 때 상태 의존 기억을 활용해 보자. 시끄러운 카페에서 공부가 더 잘된다는 사람들도 있지만, 앞선 연구 결과를 생각해 보면 우리가 시험을 보는 장소는 보통 조용하기 때문에 조용한 환경에서 공부하는 것이 더 유리하다. 물론, 당연히 시험을 보는 장소가 조금 시끄러운 곳이라면 비슷한 환경에서 공부하는 것이 유리할 것이다. 이와 마찬가지로, 시험을 보면서 술을 마실 수 있는 것이 아니라면 술을 마시면서 공부하는 것은 좋은 전략이 아니다. 또 특이한 향의 향수와 같이, 시험을 볼 때 사용할 수 있는 요소가 있다면 공부를 할 때 사용해도 좋은 전략이 될 수 있을 것이다.

　꼭 시험이 아니더라도 중요한 발표 등이 있을 때, 미리 발표 장소에 가서 리허설을 몇 번 해 보는 것도 좋은 전략이다. 잠수부의 단어 암기 연구 결과를 고려했을 때, 실제 발표 장소에서 연습을 하는 경우, 실제 발표 때 준비한 내용이 더 잘 기억날 확률이 높다. 상태 의존 기억은 학습과 회상 사이의 기간이 짧은 경우 더 효과적인 경우가 많으므로, 발표가 임박했을 때 집중적으로 사용하면 더 효과가 뛰어나다.

　마지막으로, 일상에서 어떤 이야기를 하다가 갑자기 기억이 떠오르지 않을 때 그 생각을 처음 시작했던 상황으로 다시 돌아가 보면 기억이 떠오를 가능성이 높다. 예를 들어, 무언가를 검색하려고 스마트폰을 켰는데 검색어가 기억나지 않는 경우가 종종 있다. 많은 사람들이 같은 어려움을 겪고 있기 때문에 검색창에는 '아 그그 그 뭐지' 등의 자동 완성 검색어들이 즐비하다. 이럴 때 무턱대고 다시 검색어를 기억하려고 하면 생각이 잘 나지 않는다. 그럴 때는 잠시 스마트폰을 손에서 내려놓고 처음부터 다시 시작해 보면 기억의 실마리를 찾을 수도 있다. 방금 전에 했던 행동들을 처음부터 다시 반복해 보자. 자리에서 일어나 스마트폰을 들고 잠금을 해제하고 인터넷 어플을 다시 찾아 들어가면 문득 검색어가 떠오를 가능성이 높다.

번뜩이는 아이디어는 어떻게 생겨날까?

부화 효과

'나는 놀라운 방법으로 이 정리를 증명하였지만, 여백이 부족하여 증명을 생략한다'라는 유명한 말과 함께 전해지는 수학계의 난제가 있었다. 바로 페르마의 마지막 정리인데, 이 난제를 360여 년 만에 풀어낸 영국의 수학자 앤드루 와일즈^{Andrew J. Wiles}는 이런 말을 남겼다.

> 새로운 아이디어를 생각해 내려면 그 문제에 완전히 집중하여 다른 생각은 하지 않고 엄청나게 긴 시간을 인내해야 한다. 한마디로 완전한 집중, 그 자체다. 그런 다음, 생각을 멈추고 잠시 동안 휴식을 취하다 보면, 무의식이 서서히 작동하기 시작한다. 이때 바로 새로운 영감이 떠오르는 것이다.[1]

한 가지 문제에 집중하는 것만이 문제 해결의 정도가 아니라 잠깐의 휴식이 오히려 도움이 될 수 있다는 뜻이다. 금관의 순금 여부를 확인하려고 골머리를 앓던 아르키메데스가 욕조에서 목욕을 즐기다가 부피와 부력의 원리를 떠올려 문제를 해결하고 '유레카!'를 외쳤던 일이 바로 휴식이 답을 찾아 준 대표적인 사례다.

구글이나 애플 같은 실리콘 밸리 유수의 기업들의 사무실을 보면 수면실, 게임방부터 시작해서 직원들이 편하게 쉬고, 즐길 수 있는 다양한 장소들이 마련되어 있는 것을 볼 수 있다. 최근에는 우리나라 IT 기업 등 일부 젊은 회사들도 소파와 커피 머신만 있는 휴게실이 아닌 다양한 시설을 갖춘 휴게 공간들을 만들어 직원들에게 제공하고 있다. 이런 다채로운 휴게 공간은 당연히 없고 오로지 컴퓨터 앞에만 앉아서 일하는 회사에 다니는 입장에서 굉장히 부럽다. 저런 회사들은 일이 엄청나게 많아서 회사에서 아예 숙식을 해야 하기 때문에 수면실 같은 공간이 필요한 거라는 우스갯소리도 있다. 하지만 앤드류 와일즈, 아르키메데스의 사례와 더불어 심리학적으로도 휴식에 집중할 수 있는 공간이 있으면 오히려 직원들의 업무 효율이 올라갈 가능성이 높다.

인지 심리학에서는 절대로 풀리지 않을 것 같은 문제를 계속해서 생각하다가 잠시 생각을 제쳐 두고 휴식을 취할 때 놀랍게도 그 문제의 실마리를 찾게 되는 현상을 부화 효과Incubation effect라고 한다. 한 연구에서 연구자들은 참여자들에게 'T, A, E, G, R' 같은 문자 배열에서 'GREAT'라는 의미 있는 단어를 찾아내는 애너그램 과제들을 하게 하였다. 한 집단은 1회차 실험에서 애너그램 문제들을 풀게 한 뒤, 쉬는 시간 없이 곧바로 이어진 2회차 실험에서 이전 1회차에서 풀지 못한 문제들을 계속해서 풀게 하였다. 반면에 다른 집단은 1회차 실험에서 문제를 풀게 하고, 풀지 못한 문제는 하루 뒤에 이어지는 2회차 실험에서 다시 풀게 하였다.

실험 결과, 쉬는 시간이 없이 문제를 다시 풀었던 집단은 하루 뒤에 문제를 풀었던 집단에 비해 문제를 적게 맞혔다.[2] 또 다른 실험에서는 참여자들에게 창의력이 필요한 문제를 풀게 하였다. 3개의 고리로 이루어진 사슬 4개가 있는데, 고리를 세 번 열고, 세 번 닫아서 12개의 고리로 이루어진 사슬 하나를 만드는 문제였다. 연구자들은 중간에 휴식 시간이 있는 집단과 없는 집단으로 사람들을 나누어 문제를 풀게 했다. 연구 결과, 휴식 시간이 없었던 집단에 비해 중간에 휴식 시간이 있던 집단에서 정답을 맞힌 사람들의 비율이 더 높았다.[3] 휴식이라는, 문제 풀이와는 관련 없는 시간을 가진 사람들이 부화 효과를 통해 문제를 더 잘 해결한 것이다(두 번째 연구의 문제 정답이 궁금한 분들을 위해 답을 알려 주면, 1개 사슬의 고리 3개를 모두 풀어서 나머지 3개의 사슬을 각각의 고리로 연결하는 방법이 정답이다).

어찌 보면 좀 신기한 부화 효과는 단순히 휴식을 취하면 머리가 맑아지거나, 고갈되었던 에너지가 충전되어서 문제가 해결되는 효과는 아니다. 부화 효과의 원리 중 하나는 부적절한 해결 전략을 망각하는 데 있다. 학창 시절, 도저히 풀리지 않는 수학 문제를 계속 붙잡고 있었던 적이 있지 않나? 보통은 미로에서 길을 잃은 듯 이미 시도했던 풀이만 계속 반복하게 되고, 새로운 풀이법이 전혀 생각나지 않는 상황에 이른다. 결국 문제를 풀지 못하고 해답을 보면 '내가 왜 이 생각을 못했지?' 싶을 정도로 간단한 풀이법으로 해결할 수 있었던 문제라는 사실을 깨우치는 경우가 종종 있었을 것이다. 한 가지 문제에 과도하게 집중하다 보면 사고가 고착화되어 새로운 해결 방법을 찾기가 점점 어려워진다. 그렇기 때문에 잠시 동안 그 문제를 잊고 휴식을 취하면 기존에 가지고 있던 부적절한 해결 전략을 잊고, 다시 문제를 해결하고자 할 때 새로운 방법을 떠올릴 수 있는 공간이 생기게 된다.

우리의 일상에서도 부화 효과는 좋은 문제 해결 전략으로 사용될 수 있다. 사업 전략을 수립해야 한다거나, 회사 내의 특정한 문제를 해결해야 하는 비교적 창의적인 과업이 주어졌을 때 도저히 아이디어가 생각나지 않는다면 일단 그 문제를 잠시 제쳐 두는 것이 하나의 방법이 될 수 있다. 괜히 생각이 나지 않는다고 일거리를 집까지 들고 와서 고민하는 건 오히려 사고를 고착화시키는 지름길이니 가급적 피하자. 차라리 일을 하다 옆자리 동료와 수다를 떨거나, 점심을 먹고 잠깐 산책을 하는 것도 좋다. 아니면 일단 아무 생각 없이 푹 자고 나서 다음 날 새롭게 일을 다시 시작하는 것도 방법이다.

물론 부화 효과를 사용하기 전에 몇 가지 주의해야 할 사항도 있다. 첫 번째로, 해결책을 찾기 어려운 일이라고 해서 처음부터 별다른 노력도 없이 바로 휴식을 취하거나 다른 일을 해서는 안 된다. 기존에 문제를 해결하고자 하는 수많은 시도가 뒷받침되어야 다른 활동을 하는 중에도 무의식적인 정보 처리가 이루어지기 때문이다. 두 번째로, 일을 아예 포기해 버린 채 다른 활동을 해서는 안 된다. 다른 활동을 하거나 휴식을 하더라도 그 활동이 끝나면 언제든지 다시 문제를 해결할 것이라는 생각이 있어야 부화 효과가 작동한다.

왜 다른 사람들은 놀고, 나만 일하는 것 같을까?

사회적 태만

회사에서 일을 하다 보면 나만 일을 열심히 하는 게 아닌가 하는 의심이 들 때가 가끔 있다. 점심시간이 지났는데도 코를 골며 자고 있는 상사, 핸드폰만 보고 있는 후배, 자리를 비우고 돌아오지 않는 동기. 나는 바빠 죽겠는데 다른 사람들은 한없이 여유로워 보인다. 이런 의심이 들면 점점 일을 열심히 하고자 하는 마음이 사라진다. 여기에 더해 평가에 따른 보상 체계가 유명무실한 상황이라면 모든 의욕을 상실하고, 점점 일을 대충 하게 된다. 물론 내 이야기는 아니고, 이런 회사도 있다는 이야기를 들은 적이 있다.

사실 앞선 상황은 우리 삶에서 타인과 함께 뭔가를 하게 되는 시점부터 무수히 겪는 일이다. 놀이터에서 땅만 파도 열심히 파는 아이가 있고 깨작거리는 아이가 있으며, 게임을 해도 앞장서서 열심히 하는 파티원이 있고 아이템만 주워 먹는 파티원이 있다. 학교에서도 팀 과제를 하면 대부분의 경우에 프리 라이더 한 명쯤은 꼭 껴 있다. 난 그런 경험이 없다는 생각이 든다면, 혹시 내가 후자의 사람이 아니었는지 자아 성찰의 시간을 가져 보자.

아무튼, 실제로 여러 사람이 함께 일하는 상황에서 사람들은 혼자 일할 때보다 노력을 덜 하곤 하는데, 이를 사회적 태만Social loafing이라고 한다. 사회적 태만과 관련한 최초의 연구는 프랑스의 농업공학자 막시밀리앙 링겔만Maximilien Ringelmann의 연구를 꼽을 수 있다. 그는 연구에 참여한 사람들에게 혼자 혹은 여러 명이 함께 밧줄을 당기게 한 뒤 그 힘을 각각 측정하였다. 측정 결과, 개인이 혼자 줄을 당겼을 때의 힘을 각각 더한 값보다 여러 명이 다

같이 줄을 당겼을 때 힘의 합이 더 작았다.[1] 즉, 여러 명이 함께 줄을 당길 때 각 개인이 자신이 낼 수 있는 힘보다 더 적은 힘을 냈다는 것이다. 이러한 경향은 함께하는 사람의 수가 늘어날수록 더 심해졌는데, 3명이 줄을 당길 경우 각 개인은 평균적으로 85퍼센트의 힘만, 8명이 당길 경우 49퍼센트의 힘만 사용했다. 링겔만의 연구 이후로 많은 후속 연구들이 이루어졌다. 사회적 태만은 줄 당기기, 소리 지르기, 박수 치기 등 신체적인 일 외에도 미로 찾기, 브레인스토밍, 정보 평가 등 인지 과제에서도 나타났다.[2]

사회적 태만이 일어나는 원인은 다양하다. 대표적으로 책임감의 약화, 노력이 쓸모없다는 생각, 호구가 되지 않겠다는 의지 등을 들 수 있다. 우선, 사람들은 여러 사람과 함께 일하는 경우 책임감이 약해진다. 대학생 때 조별 과제를 하면서 한 번쯤은 다른 사람들에게 묻어갈 수 있지 않을까 하는 생각을 다들 해 본 적이 있지 않은가? 다음으로, 많은 사람들이 같은 목표를 가지고 일하는 상황에서 내가 하는 노력이 영향을 미치는 부분은 얼마 되지 않을 거라 생각하여 그다지 노력을 기울이지 않기도 한다. 마지막으로, 주변에 열심히 하지 않는 사람들을 보면서 나만 호구처럼 열심히 할 필요가 없다고 생각하여 일을 열심히 하지 않게 된다. 이러한 이유들이 복합적으로 작용하여 사회적 태만이 일어난다.

회사는 여러 사람이 모여서 일을 하는 곳이기 때문에 필연적으로 사회적 태만이 일어날 수밖에 없다. 특히 여럿이 함께 보고서를 쓴다거나 프로젝트를 하게 되면 더 직접적으로 느낄 수 있다. 보통

팀을 만들어서 일을 하면, 각자의 능력에 협동의 시너지까지 더해서 개별적으로 일할 때보다 더 효과적일 거라 기대한다. 하지만 아무런 장치 없이 무작정 팀으로 일을 하면 사회적 태만으로 인해 오히려 능률이 떨어질 확률이 높다. 따라서, 팀을 구성하고 운영하는 데에는 사회적 태만을 최소화하기 위한 세심한 설계가 필요하다.

심리학자들은 팀 프로젝트에서 사회적 태만을 줄이기 위한 몇 가지 방법을 제안했다. 우선, 팀 구성원의 숫자를 너무 늘리지 않아야 한다. 앞서 링겔만의 연구에서 살펴보았던 것처럼 사회적 태만은 함께 일하는 사람의 수가 늘어날수록 더 심화된다. 구성원의 수가 적을수록, 내가 하는 행동이 목표를 달성하는 데 도움이 된다는 느낌을 더 명확하게 받을 수 있기 때문에 사람들은 책임감을 가지고 더 열심히 일할 수 있다.[3] 팀을 꾸릴 때, 사람이 많다고 일을 더 빠르게 할 거라고 단순하게 생각해선 안 된다. 주어진 과제를 하는 데 필요한 모자라지도 넘치지도 않는 적당한 인원을 배치하는 것이 사회적 태만을 최소화하기 위한 첫 번째 방법이다.

다음으로, 구성원들에게 명확한 담당 업무를 부여해야 한다. 업무 분장이 명확하지 않으면 사회적 태만은 거의 무조건 일어난다. 특정한 업무가 누구의 담당인지 불분명하면, 사람들은 해당 업무는 자신과 관련이 없다고 생각하게 되고 책임감이 현저히 떨어진다. 별다른 기준 없이 구성원들에게 업무를 배정한다면, 실제 일을 시작했을 때 누구에게 배정된 일인지 애매한 경우들이 단계마다 나타나게 된다. 이런 주인 없는 업무들이 쌓일수록 사회적 태만이 심화되고, 갈등 끝에 결국 프로젝트가 좌초될 수도 있다. 빠르게 업무에 착수하기 위해 서로의 역할을 대충 정하고 넘어가는 경우가 많은데, 명확한 업무 분장은 건설의 기초 공사와 같기 때문에 충분한 시간을 갖고 심사숙고해야 한다.

마지막으로, 기여도에 비례해서 보상 체계를 구축해야 한다. 이 방법은 가장 핵심적이지만 어렵다. 구성원들 각각의 기여도와는 관계없이 오직 팀 성과를 기준으로 보상을 하는 경우 사회적 태만이 더 잘 발생한다. 아무리 업무의 중요성을 강조하고, 업무를 명확히 분배해 준다 하더라도, 회사의 본질은 돈을 버는 곳이라는 사실을 이길 순 없다. 사전에 개인의 기여도에 비례하여 보상이 이루어질 것이라는 믿음을 주어야 한다. 팀 프로젝트에는 팀 평가와 개인 평가가 모두 이루어져야 하며, 평가의 공정성에 항상 신경 써야 한다.

음악을 들으면서 일하면 업무 능률이 오를까?

선택적 주의

이어폰을 끼고 일하는 사람들이 꽤 있다. 개인적으로 회사에서 이어폰을 끼고 일하는 편은 아니지만, 집중을 위해 노래를 들으면서 일할 수도 있다고 본다. 집에서 화장실 청소나 설거지를 할 때 노래를 들으면서 하는 경우가 종종 있고, 역사적으로 노동요 역시 존재하기 때문이다. 이어폰이 아니라 모니터 한 켠에 아이돌 직캠 영상을 틀어 두고 일하는 사람도 본 적이 있는데, 일이 잘되는지는 모르겠다. 내가 꼰대여서 하는 말은 아니고, 노래를 들으면서 일을 하는 등 한꺼번에 여러 가지 일을 동시에 하면 과연 업무 효율이 높아질까?

심리학자들이 연구한 결과를 바탕으로 말하자면, 대부분의 경우 여러 가지 일을 동시에 하는 것은 업무 효율 향상에 도움이 되지 않는다. 우리는 주변에서 들어오는 다양한 정보들을 모두 처리할 수 없고 특정한 정보에만 집중하게 되는데 이를 선택적 주의 Selective attention라고 한다. 사람들이 작업을 수행하고 정보를 처리하는 데 필요한 정신적인 자원을 인지적 자원Cognitive resource이라고 하는데, 사람의 인지적 자원은 무한하지 않다. 그렇기 때문에 우리는 한꺼번에 너무 많은 일을 처리할 수 없고, 불가피하게 특정한 정보 및 작업을 선택하여 주의를 기울일 수밖에 없다.

사람들이 많은 정보를 동시에 처리할 수 없다는 것을 단적으로 보여 주는 연구가 바로 심리학자 대니얼 사이먼스Daniel J. Simons와 크리스토퍼 차브리스Christopher F. Chabris의 '보이지 않는 고릴라' 실험이다. 실험은 총 16가지 조건으로 나누어 진행됐지만, 여기서는 고릴라가 등장하는 조건 한 가지만 살펴보자.

실험 참여자들은 흰색 옷을 입은 팀 3명, 검은색 옷을 입은 팀 3명, 총 6명의 사람들이 나와서 농구공을 주고받는 영상을 시청했다. 여기서 연구자들은 사전에 참여자들에게 특정한 미션을 줬는데, 흰색 팀, 검은색 팀 중 한 팀을 골라 영상이 끝날 때까지 이루어진 총 패스 횟수를 세는 것이었다. 열심히 미션을 수행한 참여자들은 영상을 모두 시청한 후 총 패스 횟수 등을 적는 질문지에 응답했다. 질문 중에는 영상에서 이상한 점을 발견했는지, 고릴라를 보았는지 같은 질문도 들어 있었다. 왜냐하면 실제 영상 중간에 고릴라 분장을 한 사람이 공을 주고받는 사람들을 가로질러 지나가는 장면이 있었기 때문이다. 뜬금없이 등장한 고릴라를 사람들이 못 봤을 리 없다고 생각하겠지만, 약 48퍼센트의 사람들이 고릴라를 발견하지 못했다.[1]

공을 주고받는 횟수를 세는 데 인지적 자원을 모두 소모한 사람들이 지나가는 고릴라를 미처 인지하지 못한 것이다. 심리학 수업을 처음 들을 때 해당 실험 영상을 보고 나 또한 실제로 고릴라를 발견하지 못해서 아주 신기했던 경험이 있다. 여러분은 이미 스포일러를 당했기 때문에 같은 영상을 봐도 고릴라를 쉽게 발견하겠지만, 처음 실험 영상을 접하고 패스 횟수를 세는 과제를 하게 된다면 사람들 중 절반은 고릴라를 보지 못한다는 이야기다.

선택적 주의 현상은 처리해야 하는 정보가 복잡할 때 더 두드러지게 나타난다. 고릴라 실험에서도 단순히 패스의 횟수를 세는 것이 아니라, 바운드 패스, 다이렉트 패스 등 패스의 종류를 구분하여 횟수를 세도록 했을 때 고릴라를 발견하는 사람의 비율이 더 줄어들었다. 이와 비슷하게 음악을 듣는 것이 과제를 더 잘하게 해주는지 알아본 연구에서도 복잡한 과제를 할 때 음악을 들으면 음악을 듣지 않을 때보다 과제 수행을 더 못하게 되었다.[2] 우리가 회사에서 하는 일들은 대부분 많은 인지적 자원이 필요한 복잡한 일들이다. 그렇기 때문에 여러 일을 동시에 진행하는 것은 실수할 확률을 높일 수 있다.

따라서, 일을 할 때는 한 가지에만 집중하여 차근차근 진행하는 편이 좋다. 동시에 여러 가지 일을 하면 우리의 한정된 인지적 자원이 분산되고, 고릴라처럼 필연적으로 놓치는 부분이 생길 수밖에 없기 때문이다. 원래 나는 멀티태스킹을 잘하는 사람이라 괜찮다고 하는 사람도 있겠지만, 아마도 복잡한 일을 멀티태스킹으로 처리하는 사람은 없을 것이다. 앞서 언급했던 음악을 들으며 과제를 하는 연구에서 과제가 간단한 경우에 노래를 들으며 하는 게 수행 능력을 높여 준다는 결과는 있었다. 정말로 멀티태스킹을 하고 싶다면 간단한 일을 여러 개 하는 경우에만 제한적으로 사용하자.

많은 일을 정해진 기간 내에 처리해야 하는 상황이라면 현실적으로 여러 가지 일을 동시에 할 수밖에 없다. 하지만 이렇게 동시에 많은 일을 하다가 사소한 실수를 한 경험이 누구나 있을 것이다. 마음이 급하다고 너무 서두르는 것은 좋지 않다. 인지적 자원이 충분하지 않은 상황에서 일을 하다 보면 집중하지 않고 있는 부분의 정보들을 놓칠 가능성이 높을 뿐만 아니라, 조금만 더 집중했으면 더 쉽고 간단하게 처리할 수 있었던 일도 더 어렵고 비효율적인 방식으로 처리하게 된다.[3] 그러므로 최대한 한 업무를 할 때는 충분히 그 업무에만 집중하고, 다른 업무에 관한 생각은 하지 말자. 나 역시 여러 가지 일이 동시에 들어오면 한 업무를 하던 도중에 '아 이것도 해야 하는데' 하며 나도 모르게 다른 업무를 하려는 순간이 있는데, 그럴 때마다 차근차근 순서대로 하자며 마음을 다잡곤 한다. 정말로 시간이 부족해서 도저히 한 업무에 집중할 수 없는 상태라면, 차라리 업무 분장을 새롭게 해달라고 요청해 보는 게 나을 것이다.

목표를 이루는 가장 확실한 방법

공개 선언 효과

새해가 되면 많은 사람들이 한 해 목표를 세우곤 한다. 보통은 새해가 주는 기운에 취해 운동하기, 독서하기, 자격증 따기 등 평생 잘 하지도 않던 것들을 줄줄이 나열한다. 물론 우리 모두 겪어서 알고 있듯 몇 주 되지 않아 그런 계획을 세웠는지조차 까먹는 상황에 이른다. 꼭 새해 목표뿐만 아니라 뭔가를 하고자 마음먹고 난 뒤, 그걸 실제로 실천하기는 쉽지 않다. 회사에서도 크게 다르지 않다. 명확하게 데드라인이 정해져 있지 않은 자발적으로 하고자 하는 일들은 미루고 미루다 결국 하지 않게 되는 경우가 많다.

이런 상황에서 효과가 있는 심리 법칙이 바로 공개 선언 효과 Public commitment effect, 이른바 떠벌림 효과라고 불리는 현상이다. 공개 선언 효과는 자신의 목표나 생각 등을 다른 사람들에게 공표하는 경우 해당 목표나 생각을 더 굳게 지키게 되는 효과다. 공개 선언 효과의 원형은 심리학자 모턴 도이치 Morton Deutsch 와 해럴드 제라드 Harold B. Gerard 의 연구에서 찾아볼 수 있다.

연구자들은 앞서 2장의 '동조 효과' 편에서 소개한 애쉬의 선분 실험에서 일부 조건을 추가하여 실험을 진행하였다. 세 개의 선분 중 앞서 제시된 선분과 길이가 같은 선분을 골라야 하고, 다른 연기자들이 명백한 오답을 말하는 기본적인 실험의 틀은 동일했다. 다만, 공개적으로 답을 말하는 시간 전에 참여자들이 주어진 종이에 미리 답을 적고 서명을 한 뒤 연구자에게 제출하는 절차가 추가되었다. 사전에 종이에 자신이 생각하는 답을 적고 서명까지 한 뒤 연구자에게 제출하는 것은 곧 자신의 생각을 다른 사람에게 공표하는 행위였다. 이 절차가 끝나고 참여자들은 다른 연기자들의 답을 들은 뒤 자신의 답을 말하였다.

연구자들은 종이에 답을 적고 서명한 후 제출한 참여자들과 제출하지 않은 참여자들이 실제 답을 말할 때 잘못된 답을 얼마나 말하는지 분석하였다. 분석 결과, 사전에 종이에 답을 적어서 연구자에게 제출한 참여자들은 그렇지 않은 참여자들에 비해 오답을 말하는 비율이 절반도 되지 않았다.[1] 자신의 생각을 다른 사람에게 밝힘으로써, 사회적 압력에도 불구하고 자신의 생각을 고수할 수 있게 된 것이다.

다른 연구에서는 공개 선언 효과가 체중 감량 프로그램의 목표 달성에도 도움이 된다는 사실이 밝혀졌다.[2] 이 연구에서 체중 감량 프로그램에 참여한 사람들 중 일부는 자신의 이름과 감량 목표를 적은 카드를 피트니스 센터 내 잘 보이는 곳에 게시했고, 다른 일부는 그렇게 하지 않았다. 24주간의 프로그램이 끝난 뒤 목표를 얼마나 달성했는지 확인하자, 자신의 이름과 감량 목표를 게시했던 사람들은 약 97퍼센트가 목표를 달성한 반면, 그렇지 않았던 사람들은 약 81퍼센트만이 목표를 달성했다.

언젠가 회사에서 맡고 있던 업무에 이렇다 할 매뉴얼이 존재하지 않아서, 직접 매뉴얼을 만들어 보고자 마음먹었던 적이 있다. 그냥 혼자 이런 게 있으면 좋겠거니 생각했던 거라 다른 사람들에게 매뉴얼을 만들겠다고 말하지는 않았다. 매뉴얼이 있으면 나중에 업무 인수인계를 하기에도 유용하고, 일을 하다가 기억이 나지 않는 부분이 있으면 찾아볼 수도 있으니 일단 만들기만 하면 쓰임새가 아주 많을 게 분명했다. 하지만 막상 업무에 치이다 보니 언젠가는 해야지 하다가 한동안 파일에 제목만 써 놓고 손도 대지 못했다. 이렇게 하다가는 정년퇴직을 할 때까지 매뉴얼을 만들지 못할 것 같아서, 슬슬 주변 사람들에게 업무 매뉴얼을 새로 만들어 보려고 한다고 말하고 다니기 시작했다. 그러자 가끔씩 사람들이 매뉴얼 만드는 건 잘되어 가냐고 물어보곤 했고, 그때마다 진척이 없는 경우에 마음이 찔려 조금 더 매뉴얼 제작에 신경을 쓰게 됐던 경험이 있다. 물론 최종적으로 매뉴얼이 완성된 건 추진 업무 목록에 매뉴얼 제작을 끼워 넣고 나서였지만, 일이 제대로 진행되기 시작한 시점은 다른 사람들에게 계획을 말한 이후였다.

일반적으로 사람들은 자신이 한 말을 지키려고 한다. 왜냐하면 다들 본인이 빈말이나 하는 가벼운 사람으로 보이기보다는 한다면 하는 의지력과 자신이 한 말은 지키는 일관성이 있는 사람으로 보이길 원하기 때문이다.[3] 그리고 사람들은 보통 어떤 생각을 공개적으로 말하고 난 뒤에는 그 생각을 더 굳게 믿고 헌신하고자 하는 경향이 있다.[4] 또한 공개적으로 자신의 목표를 다른 사람들에게 말하면, 다른 사람들이 목표를 이루는 데 도움을 주기도 한다. 간헐적으로 일이 잘되어 가고 있는지 물어보고, 응원을 해주기도 하고, 목표를 이루는 데 방해가 되는 행동을 그 사람 앞에서는 되도록 하지 않으려고 한다. 살을 빼겠다고 선언한 사람은 저녁 술자리 약속에 잘 부르지 않듯 말이다.

앞선 만화처럼 다이어트 등 개인적인 목표를 더 잘 이루기 위해 공개 선언 효과를 이용할 수도 있지만, 업무를 하면서도 유용하게 사용할 수 있다. 스스로 업무의 데드라인을 공표하거나 자발적이고 추가적인 업무를 공식적인 업무로 선언하는 방법이 있다. 다른 사람들이 내가 하는 일의 데드라인을 알고 있는 경우, 나 스스로도 약속을 지키지 못하는 사람으로 보이고 싶지 않기 때문에 일종의 강제성이 부여된다. 공식적인 업무로 선언하는 방법도 마찬가지다. 이는 향후 인사 평가에도 영향을 줄 수 있기 때문에 더 강력한 강제성이 부여된다.

물론 공개 선언 효과가 진짜 효과를 내기 위해서는 본인의 의지가 선행되어야 한다. 아무리 사람들에게 뭔가를 하겠다고 공표하더라도, 나에게 정말로 필요하지 않거나 하고 싶지 않은 일은 동기가 떨어지기 마련이다. 단지 사람들에게 말을 한다고 해서 일이 쉽게 이루어진다면 아마 이 세상에 다이어트가 필요한 사람은 없지 않을까? 공개 선언 효과는 일의 성패를 결정짓는 역할을 하는 게 아니라, 내가 진정으로 하고자 하는 일이 잘 진행될 수 있도록 도움을 주는 역할을 한다고 생각하면 좋다. 주변 사람들에게 나의 계획과 목표를 말함으로써, 다른 사람에게 비칠 내 모습을 고려하여 행동을 더 돌아볼 수 있고, 주변 사람들의 도움도 받을 수 있다. 강력한 의지에 공개 선언 효과를 통한 자기 성찰, 주변의 도움까지 더해진다면 계획을 달성하기 한 층 더 수월해질 것이다.

4장

후회하지 않는 결정을 내리려면?

어느덧 팀장이 된 최도진. 이제 관리자 회의에도 참석하고, 한 팀을 이끄는 리더가 되었다. 팀원이었을 때는 몰랐는데 팀장이 되고 보니 왜 이렇게 결정할 일이 많은지! 하지만 회의만 했다 하면 결론은 산으로 가고, 어쩌다 보니 말도 안 되는 업무를 맡게 되기 일쑤. 어떻게 상대방의 말에 쉽게 휘둘리지 않을 수 있을까? 또 좋은 팀원은 어떻게 뽑을 수 있을까? 여러 선택지 중 가장 좋은 것을 얻으려면 무엇을 주의해야 할까? 최도진은 좋은 리더가 될 수 있을까?

회의만 하면 결론이 산으로 가는 이유

집단 사고

2023년 김포골드라인 경전철의 혼잡도 문제가 사회적으로 이슈가 되었던 적이 있다. 당시 보도자료에 따르면 김포골드라인의 출퇴근 시간 혼잡도는 135명이 정원인 객차에 380명을 태우는 수준이었다. 높은 혼잡도로 인해 승객들이 어지러움이나 호흡곤란을 호소하고, 심지어 실신을 하는 경우도 발생하고 있다는 것이 요지였다. 이렇게 문제가 심각해지자 관련 지자체에서 내놓은 대책은 놀랍게도 수륙양용 버스 도입이었다. 속도, 승차 정원, 도입 비용 등을 고려했을 때 수륙양용 버스는 출퇴근 혼잡도를 해소하기엔 별 도움이 되지 않는 대책이었다. 이에 많은 시민들의 비판이 이어지자 사흘 만에 지자체에서 대책을 철회하며 해프닝으로 끝이 나게 되었다. 대책 발표가 있기까지 누군가 회의에서 수륙양용 버스를 도입하자고 제안했을 테고, 토론 과정도 거쳤을 것이다. 많은 사람들이 의사 결정 과정에 참여했음에도 불구하고 왜 이렇게 뜬금없는 대책이 나왔을까?

우리는 보통 많은 사람이 모여 토론을 통해 결론을 도출하면 혼자 생각하는 것보다 좋은 결과가 나올 것이라고 생각한다. 하지만 사람들이 모여서 의사 결정을 한다고 해서 무조건 그것이 좋은 결과로 이어지는 게 아니라는 사실을 우리는 많이 목격한다. 회사만 보더라도 당장 인력도 부족하고, 실질적으로 추가적인 업무를 할 수 없는 상황임에도 불구하고, 무리하게 새로운 사업을 진행하라는 지시가 내려올 때가 있다. 정말 실상을 하나도 모르는 사람들이 모여서 회의를 한 것처럼 말도 안 되는 결론이 나는 경우도 있다.

이렇게 사람들이 모여서 터무니없는 결과를 도출하는 이유 중 하나가 집단 사고Groupthink의 영향이다.

집단 사고란 결속력이 강한 집단에서 개인의 생각이나 다양한 가치들은 배제되고, 한 가지 의견으로 사고가 집중되는 경향을 말한다. 정치 정당들이 국민의 눈높이에 맞지 않는 이상한 공약과 정책을 만들어서 발표하는 게 바로 집단 사고의 대표적인 예시다.

미국의 심리학자 어빙 제니스Irving L. Janis에 따르면, 구성원들 간에 관계가 긴밀하고, 폐쇄적인 집단에서 압박감이 높을 때 집단 사고가 잘 일어난다고 보았다.[1] 정치 정당들을 다시 예시로 들어보면, 각 정당은 당 대표를 필두로 그 측근 세력들이 긴밀하게 관계를 유지하고 있고, 비교적 폐쇄적인 형태다. 또한 항상 권력을 잡기 위해 강한 압박감이 상시 존재하는 상황에 놓여 있다. 이런 형태가 바로 집단 사고가 일어나기 가장 쉬운 조건이다. 소수파의 다양한 의견들은 당 대표를 위시한 측근들에 의해 사전에 차단당하고, 측근들은 기존에 잘 형성된 관계를 해치고 싶지 않기 때문에 다양한 의견을 내길 꺼린다. 결국 집단 내에서 강한 권위를 가지고 있는 대표의 주장에 따라 의사 결정이 좌지우지된다.

집단 사고는 실현 가능하고 의미 있는 의견을 도출하고자 하는 욕구보다 서로 원만한 관계를 유지하고자 하는 욕구가 더 크기 때문에 일어난다. 회사로 따지면 회의에서 명백하게 불합리한 결과를 도출해 가고 있음에도 불구하고 괜히 반대 의견을 제시해서 상급자의 심기를 건드리기보다 적당히 묻어가는 쪽을 선택하는 것이다. 굳이 다수의 의견이나 힘 있는 사람에 반하는 의견을 제시하여 눈총을 받기보다는 좋은 게 좋은 것이라는 마인드로 자신의 의견을 숨기면 당장은 집단 내에서 생존하는 데 훨씬 유리하기 때문이다. 물론 집단 사고로 도출된 잘못된 결과들은 향후 집단 자체의 존립을 위협할 수도 있기 때문에, 장기적으로는 자신의 생존에도 유리하지 않다. 하지만 집단의 압력 속에서 그렇게 먼 미래를 볼 수 있는 사람은 많지 않다. 나아가 집단 사고는 점점 더 극단적인 의견을 도출하는 집단 극화Group polarization 로까지 이어질 수 있기 때문에 더욱 조심해야 한다.

그렇다면 우리는 어떻게 집단 사고를 막고 집단 지성을 발휘할 수 있을까? 가장 대표적으로 알려져 있고 적용하기 쉬운 방법은 회의 시 특정 참여자에게 다수의 의견에 태클을 거는 역할을 배정하는 것이다.[2] 다수의 의견에 반대되는 의견을 의무적으로 제시함으로써, 해당 의견의 위험성을 검토해 볼 수 있는 기회를 제공하고, 다수의 의견이 아닌 다양한 의견들을 고려해 보는 공간을 사람들에게 만들어 줄 수 있다.

또 다른 방법은 앞서 알아본 집단 사고가 잘 일어나는 조건을 제거하는 것이다. 폐쇄적인 조직 문화에서는 다른 의견이 있다 하더라도 쉽게 제시하기 어렵고, 제시한다 하더라도 묵살될 확률이 높다. 따라서 수평적이고 투명한 조직 문화를 형성하는 것이 가장 좋은 방법이다. 이외에도 친분이 없는 외부 인사를 활용하여 기존에 생각할 수 없었던 의견을 청취하거나 의사 결정 과정을 검토하여 잘못된 방향으로 의사 결정이 이루어지고 있는지 확인해 볼 수도 있다. 익명성을 보장하는 방식으로 구성원들이 자유롭게 의견을 제시하게 하거나, 토론 구성원들을 다양한 직급, 부서, 성별 등으로 구성하여 다양성을 증진시키는 방법 역시 다양한 의견을 청취하기 위해 활용할 수 있다.

물론 이 모든 방법들보다 더 중요한 것은 집단 사고를 피하고자 하는 조직 차원의 의지다. 집단 사고를 막고자 하는 의지가 없다면 그 어떤 방법을 사용하더라도 효과를 거둘 수 없다. 현재 상장사들의 이사회에 의무적으로 사외 이사를 두게 하는 목적도 다양한 의견을 제시하고 리더의 독단적인 의사 결정을 막아 집단 사고를 방지하기 위함이었으나, 현실은 리더의 거수기에 불과하다는 비판이 있듯 말이다. 무엇보다도 의사 결정권을 가진 리더가 조직의 의사 결정 과정에서 주류 의견에 도전하는 비판적인 사고를 장려하고, 다양한 의견을 수용하는 개방적 리더십을 발휘해야 한다. 이에 발맞추어 모든 구성원들이 힘을 합쳐 다양한 의견을 제시할 수 있는 조직 문화를 만들어 나간다면 그 효과는 더 커질 것이다.

불편한 느낌이 드는 정보일수록 더 집중해야 한다?

확증 편향

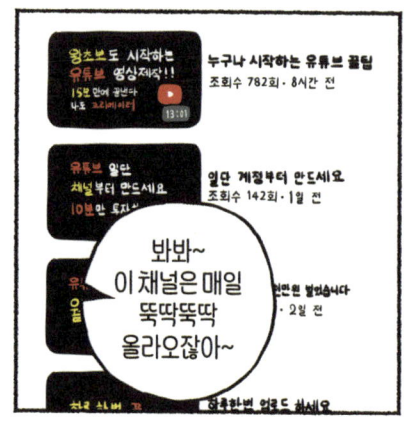

대부분의 OTT에는 사용자가 시청했던 작품들을 토대로 좋아할 만한 작품들을 추천해 주는 기능이 있다. OTT 외에도 유튜브, 음악 스트리밍 서비스, 포털사이트 광고까지 사용자의 과거 기록들을 바탕으로 사용자가 관심 있어 할만한 것만 노출시키거나 추천해 준다. 알고리즘을 통한 추천 서비스는 굳이 검색을 하는 수고로움 없이 알아서 떠먹여 주기 때문에 편리하지만, 계속해서 비슷비슷한 콘텐츠들만 이용하게 된다는 단점도 있다. 어떨 때는 호기심에 몇 번 조회했을 뿐인데도 알고리즘이 오염되어 화가 날 때도 있다. 그래도 대체로 잘 복구되어 자신이 좋아하는 콘텐츠가 추천되기 때문에 사람들은 이런 서비스를 편리하게 이용하는 편이다.

사용자 맞춤 추천 알고리즘 덕분에 우리는 좋아하는 것들만 손쉽게 향유할 수 있게 되었다. 그런데 놀랍게도 우리는 모두 두뇌 속에 이미 비슷한 추천 알고리즘 서비스를 탑재하고 있는데, 바로 확증 편향Confirmation bias이다. 확증 편향은 여기저기서 한 번쯤 들어 본 적이 있을 텐데, 정확한 정의는 사람들이 자신이 기존에 가지고 있는 신념과 일치하는 주장이나 의견만을 받아들이는 경향이다. 주로 자신의 믿음과 신념을 뒷받침할 수 있는 증거들만 수집한다거나, 특정한 자료를 보더라도 기존 믿음과 일치하도록 입맛에 맞게 해석하는 형태로 나타난다. 말 그대로 보고 싶은 것만 보고, 듣고 싶은 것만 듣는 것이다.

심리학자 피터 웨이슨Peter C. Wason은 간단한 실험으로 확증 편향을 검증했다. 연구자들은 대학생들에게 '2-4-6'의 순서로 배열되어 있는 숫자를 제시하고, 해당 배열에 특정한 규칙이 있으니 맞혀 보라는 과제를 주었다. 학생들은 마치 스무고개처럼 연구자에게 '6-8-10' 등의 숫자 배열을 말하고, 그것이 규칙에 부합하는 배열인지 확인받았다. 몇 번의 질문을 통해 규칙을 찾았다고 생각되면 연구자에게 정답을 말하게 했는데, 대부분의 학생들은 잘못된 답을 말했다. 아마도 대부분의 독자들 역시 '2씩 증가하는 세 개의 수'라는 규칙을 생각했을 것이다. 하지만 실제 정답은 '1-2-3', '3-12-453' 같이 단순히 '증가하는 세 개의 수'가 규칙이었다. 학생들은 자신이 생각하는 규칙에 맞는 숫자 배열을 확인할 때도 '4-6-8', '10-12-14'와 같이 2씩 증가하는 숫자 배열을 주로 말했다.[1] 학생들은 자신이 형성한 믿음인 2씩 증가하는 숫자 배열에 맞는 증거들만 수집하는 전형적인 확증 편향의 모습을 보여 준 것이다.

  확증 편향은 효율적으로 사고하기 위해 나타날 수도 있으며, 심리적 일관성을 지키기 위해 나타나기도 한다.[2] 우선 모든 정보를 하나하나 수집하고 따져 보며 결정을 내리기보다는 미리 그럴듯한 결론을 내려 놓고 이에 맞는 정보들만 수집하는 게 더 효율적이다. 앞서 나왔던 선택적 주의를 떠올려 보면, 사람들은 한 번에 많은 정보를 처리할 수 없고, 보통은 한 가지에만 집중할 수 있다. 따라서 이미 한 가지 믿음을 선택했다면, 다른 정보를 찾지 않고 이 믿음을 뒷받침해 줄 수 있는 증거들만 찾는 게 효율적이다. 다음으로 자신이 가지고 있는 믿음과 반대되는 정보를 마주하는 경험은 썩 유쾌하지 않기 때문에 확증 편향이 일어나기도 한다. 반대되는 정보를 접하는 건 자신이 틀렸음을 인정해야 할 수도 있는 상황, 즉 심리적 일관성이 흔들리는 상황이기 때문이다.

초등학교 1학년 신체검사 때 나는 처음으로 혈액형이 O형이라는 사실을 알게 되었다. 신기한 마음에 어머니께 말씀드리니, 어머니는 다른 가족들은 모두 B형인데 너만 O형인 걸 보니 너는 주워 온 아이인 것 같다고 놀리셨다. 그 말을 듣고, 어린 마음에 큰 충격을 받아 대성통곡을 하며 검사지의 O를 B로 열심히 덧씌웠던 경험이 있다. 생물학적 지식이 없더라도 생김새만 보면 주워 온 아이가 아니라는 게 분명한데, 당시에는 내가 친자식이라는 믿음에 반대되는 정보를 접하자 큰 충격을 받았던 것 같다. 자신의 믿음과 반대되는 정보를 마주하는 건 이렇게나 고통스럽다. 그래서 사람들은 자신의 입맛에 맞는 정보들만 찾고 입맛에 맞게 해석한다. 나 역시 생물학적 원리를 알기 전까지는 혈액형 검사는 정확도가 그리 높지 않다고 입맛에 맞게 해석하곤 했다.

확증 편향의 늪에 빠지게 됐을 때, 운 좋게 내가 가진 믿음이 맞는 것이었다면 그저 고집을 부린 데 그치겠지만, 만약 잘못된 믿음이었다면 확신에 차서 잘못된 결정을 내리게 될 수 있다. 과거 중세 유럽에서 자행되었던 마녀사냥은 전형적인 확증 편향의 폐해다. 당시 마녀로 지목받은 사람은 일반인이라는 수많은 증거가 존재하더라도 마녀라고 의심되는 몇 가지 증거만 있다면 마녀가 되어 버렸고 수많은 무고한 사람들이 희생되었다. 무지한 시대의 광기 같지만 현대의 온라인 마녀사냥을 지켜보면 천 년 전이나 지금이나 사람들의 확증 편향은 별다를 것이 없어 보인다.

　확증 편향은 이처럼 끔찍한 결과를 낳기도 하지만 자동으로 돌아가는 알고리즘처럼 우리의 사고에 녹아 있기 때문에 의식적으로 점검하지 않으면 제어하기 어렵다. 확증 편향의 폐해를 막기 위해서는 의사 결정을 하기 전에 최대한 다양한 정보를 수집하고, 객관적으로 판단하려고 노력해야 한다. 만약 그중에 미묘하게 불편한 정보가 있다면 더 주의 깊게 살펴보는 것이 좋다. 아마도 그 불편함은 기존의 믿음이 공격받기 때문에 나타나는 감정일 테니 말이다. 우리를 기분 좋게 하는 정보나 의견은 왕의 옆에서 입 발린 말만 반복하는 간신처럼 어쩌면 우리를 잘못된 결정으로 이끄는 역할을 할 수도 있음을 생각하자.

상대방의 말에 쉽게 휘둘리지 않는 방법

면역 효과

상대방이 내 부탁을 들어주게 만들거나, 나의 주장대로 생각을 바꾸게 하는 방법은 '설득'이라는 주제로 심리학에서 굉장히 많이 연구된 분야이다. 설득 분야에서 제일 널리 알려진 사람은 《설득의 심리학》의 저자로 유명한 심리학자 로버트 치알디니이다. 《설득의 심리학》은 심리학 분야 서적 중에서 빼놓으면 서러운 베스트셀러이다. 이 책이 전 세계적으로 굉장히 많이 팔렸다는 점을 고려했을 때, 수많은 사람들이 설득 관련 심리학 이론들을 잘 알고 있을 테고, 우리는 누군가의 설득에 취약할 수밖에 없겠다는 결론에 도달하게 된다. 하지만 창이 있으면 방패도 있는 법, 이번에는 쉽게 다른 사람의 의견에 휘둘리지 않는 방법 하나를 소개해 보고자 한다.

현대 의학이 발전하면서 다양한 백신들이 개발되었고, 우리나라는 필수 예방 접종으로 결핵, 파상풍, 백일해 등의 백신을 맞도록 권고하고 있다. 또한 코로나19 팬데믹을 거치며 대부분의 사람들이 백신을 접종해 봤기 때문에, 백신을 한 번도 맞아 본 적 없는 사람은 거의 없을 것이다. 백신은 특정한 병으로 인한 피해를 예방하기 위해 약한 버전의 병원체를 몸에 집어넣어 사전에 면역 체계를 활성화시키는 원리를 가지고 있다.

그런데 놀랍게도 백신의 원리는 다른 사람의 설득을 방어하는 데에도 쓰인다. 즉, 사전에 비슷한 유형의 설득 메시지를 경험했던 사람은 일종의 면역이 생기게 되고, 이후에 유사한 설득 메시지와 마주했을 때 쉽게 설득당하지 않고 더 잘 버틸 수 있게 되는데, 이를 심리학에서 면역 효과Inoculation effect라고 부른다.

심리학자 윌리엄 맥과이어^{William J. McGuire}는 설득의 효과를 높일 수 있는 방법을 찾는 연구는 많이 이루어졌지만 설득에 더 잘 버틸 수 있는 방법을 찾는 연구는 이루어지지 않고 있다는 점에 착안하여 관련 연구를 시작하게 됐다. 그는 설득 메시지의 공격으로부터 개인이 가지고 있는 태도, 신념 등의 저항성을 키울 수 있는 방법을 찾기 시작했고, 마치 백신과 같이 자신이 가지고 있는 생각과 반대되는 약한 강도의 주장을 접하는 게 효과가 있다는 사실을 밝혀냈다.[1] 약한 강도의 설득 메시지를 듣게 되면, 사람들은 자신의 태도나 신념 등이 공격받을 수도 있다는 위협을 느껴, 이를 방어하고자 정보를 찾아 반론을 만들기 시작한다. 이렇게 사전에 세워진 전략들, 즉 약한 설득 메시지에 대한 반론들이 쌓여 향후 마주하게 될 강한 설득 메시지를 좀 더 쉽게 반박할 수 있게 해준다.

특히 맥과이어는 우리가 설득에 있어 가장 취약한 부분은 '별다른 의심 없이 그저 믿고 있는 사실'이라고 보았다. 예를 들어, 우리는 지구가 둥글다는 사실을 어린 시절부터 상식으로 들어왔기 때문에 아무런 의심 없이 그 사실을 믿고 있다. 하지만, 세상에는 지구가 평평하다고 주장하는 사람들이 존재한다. 지구가 둥근 건 당연한데 왜 평평하다는 터무니없는 소리에 설득당했는지 이해가 안 갈 수도 있지만, 별다른 근거 없이 단순히 지구가 둥글다고 믿는 사람은 지구 평면론자들의 주장에 오히려 쉽게 넘어갈 수 있다. 과학적 지식 없이 단순히 사실만을 믿고 있는 경우, '지구가 둥글다면 지평선이 둥글게 보여야 하는데 일직선으로 보이는 것은 지구가 평평하기 때문'이라는 지구 평면론자의 주장은 생각보다 그럴듯하게 들리기 때문이다.

하지만 평소 지구 평면론자의 주요 주장들을 사전에 듣고 가상으로 반박해 보는 기회가 있었다면 이야기가 달라진다. 지구의 크기가 매우 크기 때문에 지구의 곡률을 인지하기 어렵다거나, 배가 지평선 너머로 사라질 때 아랫부분부터 사라진다는 사실 등 지구가 둥근 과학적 근거를 습득하고 나면, 지구 평면론자의 주장은 어처구니없다는 걸 금세 알게 된다. 이렇게 설득의 백신 접종을 하는 경우 실제로 지구 평면론자들을 맞닥뜨렸을 때 지구가 둥글다는 믿음을 더 잘 지킬 수 있다.

한 연구에서는 이런 면역 효과가 실제로 작동함을 검증하였다. 연구 참여자들은 평등이라는 가치를 반박하는 에세이를 읽고 난 뒤 평등이 얼마나 중요하다고 생각하는지 1점에서 15점으로 응답하였다. 다만 글을 읽기 전 한 집단의 참여자는 평등에 반대하는 이유를 적고 난 뒤 그 이유를 재반박하는 글을 종이 1장 분량으로 적어 보았고, 다른 집단은 아무것도 하지 않았다. 실험 결과, 평등에 반대하는 이유를 재반박하는 글을 사전에 작성했던 집단은 아무것도 하지 않은 집단에 비해 에세이를 읽고 나서도 평등을 더 중요하게 생각했다.[2] 사전에 반박 메시지를 생각해 본 것이 일종의 면역으로 작용하여 평등을 반대하는 에세이에 덜 설득된 것이다.

우리는 살아가면서 다양한 설득 상황에 노출된다. 중요하게는 외부 업체와 협상을 해야 할 수도 있고, 타 부서와 업무를 조율해야 할 때도 있다. 일상에서도 가게 점원과 가격을 흥정해야 할 수도 있고, 물건을 구입하라고 속삭이는 광고에도 대응해야 한다. 아무런 대비가 없다면 쉽게 설득당하겠지만, 면역 효과를 이용하여 사전에 비슷한 내용을 상상하고, 미리 준비하고 있다면 상황은 달라질 수 있다. 면접을 볼 때 예상 질문을 많이 생각해 보고 가면 도움이 되듯, 협상을 할 때도 상대방이 무슨 카드를 내놓을지 미리 생각해 보고 이에 대처할 수 있는 방안들을 많이 생각해 둘수록 자신이 원하는 것을 얻는 데 도움이 된다. 이외에도 평소에 막연히 별다른 근거 없이 믿고 있는 사실이 있다면 그 근거를 찾아보는 것도 좋다. 맥과이어가 지적했듯 근거 없는 믿음은 근거 없는 그럴듯한 말로 쉽게 무너질 수 있기 때문이다.

팔이 안으로 많이 굽으면 나를 공격할 수 있다?

내집단 편애

아침에 일어나서 회사를 가야 한다는 상상만으로도 속이 답답해져 오는 사람들이 많다. 주변을 둘러보아도 우리 회사가 너무 좋아서 항상 출근이 기다려진다고 말하거나, 명절 연휴가 다가오면 이틀 넘게 회사에 가지 못해 슬퍼하는 등 회사 덕질을 하는 사람은 거의 없다. 대부분은 자신이 다니는 회사에 만족하지 못하며, 회사에 가기 싫어하고, 회사 자체를 싫어한다. 하지만 이런 사람들도 누군가 자신이 다니는 회사를 대놓고 욕하면 묘하게 기분이 좋지 않은 티를 낸다. 아무리 그래도 내 회사는 욕해도 내가 욕하지, 다른 사람들이 욕하는 건 참을 수 없다는 듯 말이다.

평소에는 인지하지 못하지만 소속된 집단은 개인의 정체성을 형성하는 데 중요한 역할을 하기 때문에 그렇다. 우리는 일상에서 한국인임을 자각하지 못하지만, 월드컵이나 올림픽 시즌이 되면 중계방송을 보면서 우리나라를 응원한다. 경기 결과에 따라 마치 자신의 일처럼 울고 웃고 분노하곤 한다. 이외에도 거주하고 있는 동네에 딱히 소속감을 느끼지는 않지만, 어쩌다 같은 동네에 사는 사람을 만나면 괜히 더 호감이 가고 빨리 친해지는 경우도 있다.

사실 대부분의 사람은 적어도 한 개 이상의 집단에 소속되어 있다. 작게는 가족부터 시작해서, 친구들과의 모임, 회사, 부서, 하다못해 현재 살고 있는 동네, 도시, 국가도 모두 일종의 집단이다. 인간을 사회적 동물이라고 할 정도로 집단은 인간에게 중요한 요소이기 때문에 앞서 알아본 집단 사고를 비롯하여 심리학에서도 많은 연구가 이루어졌다.

집단은 소속 유무에 따라 크게 두 종류로 나누어 볼 수 있는데, 자신이 속해 있는 집단을 내집단Ingroup, 자신이 속해 있지 않은 집단을 외집단Outgroup으로 분류한다. 이 중 사람들은 당연하게도 내집단과 내집단의 구성원들을 외집단과 그 구성원들보다 더 좋아하는데, 이를 내집단 편애Ingroup favoritism 현상이라고 한다. 아무래도 나와 아무런 관련이 없는 사람보다는 같은 고향 사람, 같은 학교 동문에게 더 호감을 느끼고 잘해주기 마련이다.

내집단 편애 현상을 설명하려는 시도는 많이 있었는데, 그 이유 중 하나는 앞서 말했듯 집단을 통해 개인이 정체성을 형성하기 때문이라는 설명이다.[1] 사람들은 모두 자신의 정체성을 긍정적으로 유지하고 싶어 한다. 그런데 정체성은 일정 부분 자신이 속한 집단을 통해 형성되기 때문에, 사람들은 내집단과 그 구성원들을 우호적으로 평가할 수밖에 없다. 내집단과 그 구성원들을 좋게 평가하면 그 집단에 속한 자신도 좋은 사람이 되는 것이고, 나쁘게 평가하면 자신의 정체성 또한 나쁜 사람이 되기 때문이다.

심리학자 헨리 타지펠Henri Tajfel은 내집단 편애 효과가 그저 집단을 나누기만 해도 나타난다는 사실을 밝혔다. 실험의 첫 단계에서 연구자들은 참여자들에게 작가를 알려주지 않고, 파울 클레Paul Klee와 바실리 칸딘스키Wassily Kandinsky의 작품을 보여 주며 어느 작품이 더 좋은지 평가하게 하였다. 평가 이후에 연구자들은 참여자들을 클레의 작품을 좋아하는 집단, 칸딘스키의 작품을 좋아하는 집단으로 나누어 공표했다. 하지만 사실 연구자들은 실제

선호도와 관계없이 그냥 임의로 참여자들을 각 집단에 배정했다. 이후 참여자들은 다른 참여자들에게 금전적 보상과 손해를 분배하는 작업을 하였다. 실험 결과 참여자들은 자신이 속한 집단의 구성원들에게 금전적 보상을 더 많이 분배하였다.[2] 실험 중에 참여자들끼리는 아무런 상호 작용도 없었고, 그저 무작위로, 일시적으로 집단을 구분했음에도 내집단 편애 현상이 나타난 것이다.

이처럼 내집단과 그 구성원들에게 우호적인 태도를 갖는 건 매우 자연스러운 현상이고, 일상에서 사적인 관계를 맺을 때는 크게 문제가 되지 않는다. 하지만, 회사와 같은 공적인 맥락에서의 내집단 편애는 문제의 소지가 있다. 내집단 편애는 필연적으로 외집단에 대한 차별과 배척으로 이어질 가능성이 높기 때문이다. 내집단 편애가 직접적으로 외집단을 공격하고 배척하는 행위로 이어지는 것은 아니지만, 내집단을 더 우호적으로 대하면 결국 외집단은 피해를 입을 수밖에 없다. 내집단에 속한 사람을 우선적으로 채용하거나 그들이 내는 의견을 더 잘 받아들이는 방식이 대표적이다. 내집단 편애는 능력, 성과 등 객관적인 지표에 기반한 것이 아니라, 그저 내가 속한 집단의 구성원인지 아닌지 소속 여부를 바탕으로 나타나는 현상이다. 따라서 외집단에 대한 차별과 더불어 외집단 구성원들의 능력이나 특성을 제대로 평가하지 못해 잘못된 의사결정을 내리게 될 수 있다.

내집단 편애는 인간이라면 가질 수밖에 없는 자연스러운 편향이기 때문에 원천 차단은 불가능하다. 다만, 내집단 편애를 줄일 수 있는 방법은 존재한다. 기존 집단을 다른 집단으로 대체하거나, 더 큰 집단으로서 소속감을 강조하면 된다.[3] 예를 들어, 여러 부서의 구성원들이 참여하는 특정한 프로젝트를 한다면 별도의 프로젝트 전담팀을 꾸려서 기존 소속 팀으로서 갖는 소속감을 낮추는 방법을 사용할 수 있다. 또는 부서, 팀 단위의 단합을 지나치게 강조하기보다는 전체 회사의 일원임을 강조하는 사내 프로그램 등을 적절하게 활용함으로써 협업 과정에서 나타날 수 있는 내집단 편애 현상을 줄일 수 있다. 이를 통해 같은 부서 사람이 내는 의견에만 더 동조하고 관대하게 받아들이는 등 의사 결정 과정에서의 왜곡을 어느 정도 줄여 볼 수 있을 것이다.

같은 일을 겪고도
왜 사람마다 말이 다를까?

구성적 기억

행정병으로 복무했던 군 시절, 커터칼로 종이를 자르는 일은 매일같이 하던 업무였다. 어느 날은 후임이 하는 일을 도와주려고 종이를 자르고 있었는데, 칼을 쥔 손에 종이가 아니라 지우개를 자르는 듯한 낯선 감각이 느껴졌다. 이상한 생각이 들어 손을 보니 칼이 손가락 끝을 자르고 있었다. 피가 꽤 나서 부대 내 병원에 가서 치료 대기를 하고 있는데, 그날 컨디션이 좋지 않았던 것인지 10초 정도 기절을 하고 말았다. 원래는 대충 붕대만 감고 다시 업무에 복귀할 예정이었지만, 안정을 취하라고 해서 얼떨결에 잠시 병원에 머무르게 되었다. 수액을 맞으며 침대에 누워 있으니 선, 후임들이 하나둘 병문안을 오기 시작했는데, 그들이 하는 말이 재미있었다. 처음에 왔던 선임은 '베인' 손가락이 괜찮은지 물어봤고, 다음에 온 후임은 '잘린' 손가락이 괜찮은지 물어봤다. 그다음에 온 선임은 수술한 거 아니었냐고 물어보더니, 수액을 다 맞고 생활관으로 돌아가자 아까 죽은 거 아니었느냐는 말까지 듣게 되었다.

마지막 말은 농담이었겠지만, 우리는 이렇게 어떤 이야기가 시간이 지나면서 전혀 다른 이야기로 변하는 경우를 흔히 보게 된다. 이야기를 더 재미있게 만들기 위해 살을 붙이는 경우도 있겠지만, 입에서 입으로 옮겨지는 이야기가 처음과 달라지는 원인 중 하나는 기억을 회상할 때 벌어지는 일련의 과정 때문이다. 우리는 어떤 기억을 다시 떠올리려고 할 때, 자신이 이미 가지고 있는 배경지식이나 상식들을 바탕으로 완전하지 않은 기억을 채우려고 하는 습성이 있다. 예를 들면, 'A씨가 화장실에서 넘어졌다'라는 문장을 보면 우리는 직관적으로 A씨가 물기에 미끄러져 넘어졌을 것이라 생각하곤 한다. 화장실에서는 물기에 의한 미끄럼 사고가 많다는 게 우리의 상식이기 때문이다.

기억을 회상할 때 작동하는 과정들로 인해 생겨난 우리의 가공된 기억을 구성적 기억 Constructive memory, 이런 기억의 특성을 기억의 구성적 특성이라고 한다. 구성적 기억을 이해하려면 기억의 메커니즘을 먼저 알아볼 필요가 있다. 기억을 생성하기 위해서는 먼저 어떤 사건이나 사실을 머릿속에 저장해야 한다. 사건이나 사실의 모든 디테일을 완벽하게 저장할 수는 없기 때문에, 애초에 우리의 기억은 실제 사실과는 다르게 불완전하기 마련이다. 머릿속의 불완전한 기억은 시간이 지나며 세부적인 부분이 망각되고, 중요한 몇몇 사실들만 남으며 더욱 부실하게 바뀐다. 당장 어제 하루를 지금 회상해 보려고 하면 꽤 디테일한 부분까지 떠올릴 수 있지만, 일주일 전의 하루를 회상하려고 하면 결혼기념일이 아닌 이상에야 점심으로 무엇을 먹었는지조차 떠올리기 힘들다.

결국 특정한 기억을 떠올리려고 할 때는 원래의 사실보다 매우 부실한 무언가만 머릿속에 남아 있는 상태가 된다. 이때 기존에 가지고 있던 상식이나 지식을 바탕으로 디테일을 채우려고 하면서, 최종적으로 떠올린 기억은 우리가 재구성한 기억이 되어 버린다. 따라서 내가 정말로 진짜라고 확신하는 기억도 사실은 알게 모르게 내가 재구성해서 만들어 낸 기억이라고 보면 된다. 더 나아가 사람마다 가지고 있는 배경지식이나 상식, 논리적이라고 생각하는 내용들은 모두 다르기에, 분명히 똑같은 경험을 했더라도 추후 이를 회상하였을 때, 사람마다 기억의 내용이 달라지기도 한다. 친구 또는 가족과 지난 일을 회상할 때 디테일을 서로 다르게 기억하여 사소한 언쟁을 한 경험 한두 번쯤은 모두 가지고 있을 것이다. 기억의 구성적 특성을 생각해 보면, 그날의 정확한 디테일은 그때를 고스란히 찍고 있던 블랙박스가 존재하는 게 아니라면 사실 아무도 모른다.

결과적으로 기억에만 의존한 일 처리나 결정은 부정확한 근거에 기반하고 있을 확률이 높다. 한 기억 관련 연구에서 연구자들은 참여자들에게 15개의 단어로 이루어진 단어 목록을 읽게 하였다. 단어 목록은 사과, 채소, 오렌지, 키위, 감귤, 익다, 배, 바나나, 베리, 체리, 바구니, 주스, 샐러드, 그릇, 칵테일로 구성되어 있었다. 단어 목록을 읽고 일정 시간이 흐른 뒤 연구자들은 새로운 단어 목록을 보여 주며, 처음 목록에서 보았던 단어들을 확인하게 하였다. 새로운 단어 목록은 사과, 오렌지, 과일, 키위, 베리, 집 등이었다. 놀랍게도 참여자들은 '사과', '오렌지' 같이 실제로 기존 단어 목록에 있었던 단어만큼 '과일' 역시 단어 목록에 있었다고 회상했다.[1] 기존에 제시된 단어들이 모두 과일과 관련한 단어였기 때문에 과일이라는 단어가 목록에 있었다고 생각한 것인데, 기억은 이렇게나 불완전하다.

기억이 매우 불완전하고, 심지어 사실과 달라질 수도 있다는 점을 인정하면 우리의 삶은 더 정확하고 평화로워질 수 있다. 우선,

일상이나 업무에서 정확히 기억하고 싶은 중요한 사건이나 사실이 있다면 내 머리를 믿을 게 아니라 무조건 기록을 남기자. 충격적이거나 놀라운 사건을 사진처럼 생생하게 기억하는 것을 섬광 기억Flashbulb memory이라고 하는데, 연구 결과에 따르면 이런 섬광 기억조차 쉽게 망각되며 사실 관계에 오류가 있을 수 있다는 점이 밝혀졌다.[2] '이게 얼마나 충격적인 일인데, 내가 이걸 기억 못 한다고?' 하며 중요한 일을 오히려 기록하지 않는 경우가 있는데, 나중에 후회하지 않게 중요한 부분은 메모를 하거나 전체를 녹음해서 기록을 남기자. 추후 다른 사람들과 네 말이 맞니, 내 말이 맞니 하는 다툼으로 불필요한 논쟁을 할 일도 줄어들고, 갑자기 말을 바꾸는 상대방에게 대처하기도 용이할 것이다.

나빴던 기억을 떨쳐 내기 어려운 이유

부정성 효과

얼마 전 친한 친구의 아이가 두 돌 정도 되었다고 해서 말은 좀 하냐고 물어본 적이 있다. '엄마', '아빠', '좋아', '맘마' 정도의 말을 할 거라고 상상하며 물어봤는데, 친구에게서 돌아온 답은 '엄마', '아빠', '싫어', '아니', '안 돼'였다. 생각보다 아이가 부정적인 말들을 많이 한다는 이야기를 듣고, 집에 와서 다른 아이들도 그런지 찾아보았다. 놀랍게도 만 24개월쯤 되는 아이를 둔 부모님들이 흔히 '싫어병', '안돼병'에 걸린 자녀들로 인해 고통받고 있다는 사실을 알 수 있었다. 고통을 호소하는 게시물이 꽤 많은 것으로 봐서 싫어병, 안돼병은 보편적인 현상으로 보였는데, 왜 어린아이들이 부정적인 표현을 많이 하는지 곰곰이 생각해 보다가 문득 부정성 효과 **Negative effect**가 떠올랐다.

사람들은 부정적인 요소에 민감하게 반응한다. 부정적인 요소는 그 영향력도 강하고 오래 지속되는데, 이를 부정성 효과 또는 부정성 편향이라고 한다. 연예 뉴스를 보더라도, 어떤 가수가 매년 몇 억씩 기부를 하고 있다는 미담 기사가 나오면 그 이야기는 하루 이틀 이슈가 되다가 이내 잠잠해진다. 하지만 어떤 가수가 마약을 투약하다 적발됐다는 괴담 기사가 나오면, 그 사실은 더 충격적으로 다가오며 더 오랜 시간 사람들에게 회자되곤 한다.

이렇게 긍정적인 요소보다 부정적인 요소가 우리에게 더 민감하고 충격적으로 다가오는 이유는 부정적인 요소가 인류의 생존에 더 중요하기 때문이다.[1] 모든 버섯은 먹을 수 있지만, 어떤 버섯은 단 한 번만 먹을 수 있다는 말이 있다. 이 말에는 독버섯은 일단 먹으면 죽어 버리니까 한 번밖에 먹을 수 없다는 뜻이 숨어 있다. 부정적인 요소는 독버섯처럼 생존에 직접적으로 영향을 미치는 경우가 많기 때문에, 인류가 이에 민감하게 반응하지 못했다면 아마 살아남기 힘들었을 것이다.

싫어병에 걸린 아이들이 심리학의 부정성 효과를 활용한 건 아닐 테고, 부정적인 말을 내뱉었을 때 부모님들이 더 민감하고 적극적으로 대응한다는 걸 은연중에 학습했을 가능성이 있다. 실제로 사람들이 긍정적인 요소보다 부정적인 요소에 더 민감하다는 증거는 다양하다. 부정성 효과는 인상 형성, 주의, 학습, 도덕적 평가, 발달 등 다양한 맥락에서 공통적으로 나타난다.[2] 예를 들어, 사람에 대한 인상을 형성하는 데 부정적 정보는 긍정적 정보보다 더 큰 영향을 미치며, 부정적 자극은 긍정적 자극보다 사람들의 주의를 더 많이 끌고 지속성도 높다. 또한, 부정적 사건은 긍정적 사건보다 기억하기도 쉽고, 부정적인 것의 전염성 역시 긍정적인 것보다 크다.

요즘 세상 돌아가는 걸 잘 보면 부정적인 정보가 만연하다. 우리 주변에서 부정적인 면들, 불확실성을 부각하여 불안을 조장하는 모습을 너무나도 쉽게 찾아볼 수 있다. 지금 당장 구입하지 않으면 다시는 기회가 오지 않는다는 절판 마케팅이나, 이 수업을 듣지 않으면 의대에 갈 수 없다는 학원 광고 등 공포 마케팅으로 박탈, 절망과 같은 감정을 부추긴다. 부정적인 정보가 감정에 미치는 효과는 크지만, 그 부정적인 내용이 실제로 나에게 일어나거나 영향을 미치는 건 감정과는 별개의 문제이다. 자연 상태에서 생존과 직결된 선택을 해야 하는 과거의 일상과 생존에 위협을 받지 않는 비교적 안전한 현재의 일상은 다르다.

얼마 전 스마트폰을 새로 구입하려고 인터넷 이곳저곳에서 관련 정보를 탐색했던 적이 있다. 원래 구입하려고 마음먹었던 모델이 있었는데, 한 온라인 커뮤니티에서 이 모델은 카메라 초점이 잘 안 맞고, 다른 모델은 칩셋 성능이 떨어지고, 어떤 건 무게가 무겁고 등 단점과 관련한 글을 몇 개 접하게 되었다. 좋은 성능과 기능들을 소개해 주는 글도 많이 있었지만, 한번 단점들을 알아 버리고 나니 단점에만 사로잡혀서 결국 어떤 모델도 구입하기 꺼림칙해지는 상황에 이르렀다. 다행히 기존에 알고 있던 부정성 효과를 떠올리며 내가 과도하게 부정적인 정보에 영향을 받고 있진 않은지 다시 생각해 보았고, 원래 사려던 모델의 강점에 집중해서 만족스러운 선택을 내릴 수 있었다.

우리가 자연스럽게 가지고 있는 많은 편향들이 그렇듯 부정성 편향을 막는 것은 쉽지 않다. 다만 스마트폰 구입을 결정했던 나의 경험처럼 부정성 편향이 존재한다는 사실을 아는 것만으로도 부정성 편향에 휩쓸리지 않는 데 큰 도움이 된다. 지금 내가 하고 있는 사고가 부정적인 면에만 지나치게 집중하고 있는 상태가 아닌지 한 번 더 생각해 보는 것이다. 실제로 부정적인 요소는 마음속에서 상당히 과장되어 있을 수 있다. 우리는 부정적인 정보에 더 잘 주의를 기울이고, 부정성은 마음의 동요를 불러일으키기 때문이다.

SNS의 게시글들을 조사한 연구에 따르면, 우리는 보통 부정적인 글에 더 주의를 기울이기 때문에 대다수의 인기 있는 글들이 부정적인 내용이라고 생각하지만, 더 인기 있고 많이 공유되는 것은 긍정적인 글이었다.[3] 즉, 부정적인 것은 과장되어 있을 뿐 우리 생각보다 그렇게 만연하지 않을 수도 있다는 뜻이다. 물론 부정적인 정보를 모두 무시하는 건 위험하다. 하지만 의사 결정을 내릴 때 주변에 부정적인 정보가 많다고 느껴진다면, 현재 내가 부정적으로 과도하게 편향된 것은 아닌지 의식적으로 다시 생각해 보는 과정 역시 필요하다.

그런데 가끔은 조금 부정적으로 생각해 보자

비현실적 낙관주의

점심 식사를 하고 나면 후식 겸 도핑으로 카페인 가득한 커피를 한잔 해줘야 진정한 직장인이라고 할 수 있다. 가끔은 모여서 재미로 가위바위보 커피 내기를 하곤 하는데, 가장 재미있는 경우는 내기를 하자고 처음 제안한 사람이 져서 커피를 살 때다. '말을 꺼낸 사람이 내기에 걸리는 게 과학'이라고 할 정도로 제안자가 내기에서 제일 많이 지는 느낌인데, 아마도 그 상황이 재미있어서 기억에 많이 남기 때문에 그럴 것이다. 아무튼 내기를 할 때 사람들은 보통 가위바위보를 하는 여러 사람 중에 커피를 사는 사람이 내가 되지는 않을 거고, 자신은 공짜로 커피를 먹게 될 운이 있다고 내심 생각한다. 아마 내기를 제일 먼저 제안하는 사람이 이런 생각에 가장 깊게 빠져 있지 않을까.

사람들은 이처럼 부정적인 사건은 자신에게 별로 발생하지 않을 것이라 생각하고 긍정적인 사건은 더 많이 일어날 것이라고 생각하는데, 이를 비현실적 낙관주의Unrealistic optimism라고 한다. 커피 내기에서 진다거나, 무단 횡단을 하다 단속당한다거나 하는 부정적인 일은 자신에게 잘 일어나지 않을 것이라고 생각한다. 반대로 '오늘은 커피 공짜로 먹겠네'라고 기대하며 커피 내기를 하고, '이번에는 내가 당첨되지 않을까?' 하는 긍정적인 착각에 빠져 복권을 구입한다. 당장 우리의 일상만 돌아봐도 사람들은 대부분 비현실적 낙관주의에 빠져서 삶을 살아간다는 것을 알 수 있다.

비현실적 낙관주의와 관련한 연구에서 연구자들은 대학생들에게 미래의 삶에 일어날 수 있는 18개의 긍정적인 사건과 24개의 부정적인 사건 리스트를 제시했다. 그리고 다른 학생들과 비교했을 때 해당 사건들이 자신에게 얼마나 더 또는 덜 발생할 것 같은지 확률로 응답하게 했다. 긍정적인 사건 목록에는 '졸업 후 갖게 될 직업을 즐김', '내 소유의 집을 갖게 됨', '유럽 여행을 가게 됨', '부자와 결혼하게 됨' 등 누가 봐도 긍정적인 사건들이 있었다. 반면에 부정적인 사건 목록은 '알코올 중독 문제를 갖게 됨', '직장에서 해고됨', '이가 썩어 뽑게 됨', '6개월 안에 직장을 구하지 못함' 등 분명히 부정적인 일들로 채워져 있었다. 응답을 분석한 결과, 학생들은 긍정적인 사건들은 대부분 자신이 다른 학생들보다 더 경험할 것이고, 부정적인 사건 대부분은 덜 경험할 것이라 생각했다.[1]

어떻게 보면 너무 행복 회로를 돌리는 것 같아 부정적으로 비칠 수도 있지만, 비현실적 낙관주의는 삶에 어느 정도는 좋은 영향을 준다. 당장 출근을 하는 직장인들도 은연중에 내일이 오늘보다 적어도 같거나 더 나을 것이라는 기대를 하기에 하루하루 살아갈 수 있다. 내일이 오늘보다 좋지 않을 거라는 생각을 계속한다면 아마 심각한 우울증에 빠져 퇴사를 해야만 할 것이다. 현실을 정확하게 파악하는 것과 우울증의 관계를 살펴본 연구에 따르면, 우울하지 않은 사람들은 자신의 능력을 비롯한 좋은 특성 및 성공 가능성을 과대평가하는 일종의 비현실적 낙관주의 경향이 있었고, 현실을 정확하게 인식하는 경향은 오히려 우울증과 관련이 있었다.[2]

비현실적 낙관주의는 모험적 의사 결정을 내리는 데에도 도움이 된다. 만약 일론 머스크 Elon Musk 가 막대한 자금을 투자하여 처음 스페이스X를 설립했을 때, 우주 사업에 성공할 수 있다는 비현실적 낙관주의가 없었다면 지금의 성과는 없었을 것이다. 실제로 비현실적 기대를 통해 자신감을 갖게 되면 앞서 살펴보았던 자기 충족적 예언에 따라 성과를 향상시킬 수 있다는 연구 결과가 있다.[3] 할 수 있다는 자신감으로 더 노력하게 되고 성과가 나며 다시 자신감을 얻는 선순환의 고리가 만들어지는 것이다. 야수의 심장을 가지고 투자해서 성공하는 사람들, 헬스장에서 한 번도 들지 못했던 무게를 드는 데 성공하는 사람들의 원동력은 비현실적 낙관주의다. 결과적으로, 실패하면 비현실적 낙관주의, 성공하면 현실적 낙관주의 아닌가?

하지만 비현실적 낙관주의는 우리의 판단력을 흐리게 만들기도 한다. 흡연자들은 비흡연자와 비교했을 때 흡연의 위험을 과소평가하며, 자신들이 폐암에 걸릴 확률도 평균적인 흡연자들의 폐암 발병률보다 낮다고 믿었다.[4] 이전에 살펴본 계획 오류 역시 비현실적 낙관주의가 하나의 원인이라고 볼 수 있다. 지나친 낙관주의는 정확한 소요 시간과 비용을 계산하는 데 걸림돌이 되며, 무리한 결정을 내려 위험한 결과를 초래하기도 한다. 세계적인 부동산 시장 호황이 계속될 것이라고 낙관하여 파생 금융 상품을 판매하고, 대출을 일으키다 집값이 폭락하자 많은 사람들과 금융기관이 큰 타격을 받았던 서브 프라임 모기지 사태 역시 비현실적 낙관주의가 하나의 원인일 수 있다.

이처럼 비현실적 낙관주의는 양날의 검처럼 자신감으로 작용할 수도 있고 일종의 과신으로 이어질 수도 있기 때문에 항상 주의가 필요하다. 비현실적 낙관주의는 사람이라면 모두 자연스럽게 가질 수밖에 없기 때문에, 이를 필요에 따라 조절할 수 있는 정답은 존재하지 않는다. 다만, 의사 결정을 하기 전 자신이 하려는 결정이 정말 객관적으로 타당한지 관련자가 아닌 제3자에게 검토를 받는 등 다시 한번 생각해 보는 절차를 갖는다면 좀 더 정확한 판단이 가능할 것이다. 이외에도 한 연구에 따르면 슬프고 부정적인 기분 상태에 있을 때 사람들은 덜 낙관적으로 생각하기 때문에,[5] 중요한 결정을 위한 검토를 할 때는 너무 신나고 들뜬 상태일 때보다는 다소 긴장된 분위기를 조성하거나 조금 슬플 때 진행하는 게 하나의 방법이 될 수 있다.

선택지가 많을 때
더 주의해야 하는 이유

맥락 효과

여기에 식칼 한 자루가 있다. 만약에 특별한 기념일에 방문한 근사한 스시 오마카세 셰프의 도마 위에 칼이 놓여 있다면, 그 칼은 나의 맛있는 음식을 만들어 줄 조리 도구로 보일 것이다. 하지만 똑같은 칼이 허름하고 어지럽혀진 방 한가운데 떨어져 있다면, 그 칼은 섬뜩한 살인 사건의 도구처럼 보일 것이다.

이번에는 텅 빈 공간에 형체가 잘 보이지 않는 사람 머리만한 공이 하나 있다고 생각해 보자. 텅 빈 공간을 잘 둘러봤더니 잔디가 깔린 커다란 직사각형 바닥이 보인다면, 우리는 그 공을 축구공이라고 생각할 것이다. 하지만 그 공간이 축구장 크기보다는 훨씬 작은 크기이고 나무 바닥으로 되어 있다면, 우리는 그 공을 아마도 농구공이나 배구공이라고 생각할 것이다. 만약 스포츠 관련 지식이 전혀 없다면 어떤 공인지 유추하기 힘이 들 수도 있다.

이렇게 주변의 환경 또는 기존에 가지고 있던 경험 등의 맥락이 특정 사물이나 사건을 인식하는 데 영향을 주는 것을 맥락 효과 **Context effect**라고 한다. 맥락 효과로 인해 사람들은 같은 대상을 상황에 따라 개인별로 다르게 인식한다.

옛말에도 '오얏나무 아래서는 갓을 고쳐 쓰지 마라', '오이밭에서는 신을 고쳐 신지 마라' 등의 이야기가 있다. 오얏나무 밑이나 오이밭 같은 특정한 맥락에서는 갓이나 신을 고쳐 신는 행위가 남에게 오해를 불러일으키는 행동으로 해석될 수 있다는 내용이다. 물론 자세히 본다면 그것이 별 의미 없는 행동이라는 것을 알 수 있겠지만, 주변 환경이 그럴듯하게 갖춰지면 '저거 도둑질하는 거 아니야?' 하는 생각이 자연스럽게 먼저 떠오르게 된다. 맥락 효과는 앞서 살펴보았던 휴리스틱에 의존해서 사고할 때 나타나는 심리 현상 중 하나이기도 하다.

맥락 효과는 인간의 지각, 감각부터 광고, 마케팅에 이르기까지 널리 사용된다. 맥락 효과를 가장 단순하게 체험해 볼 수 있는 예시는 바로 [A 13 C]와 [12 13 14]이다. 세 문자의 배열 중 가운데 있는 '13'에 주목해 보자. 앞뒤 문자의 종류만 바뀌었을 뿐 '13'은 두 배열에서 완전하게 동일한 문자이다. 하지만 첫 번째 문자 배열에서는 'B'처럼 보이고, 두 번째 문자 배열에서는 '13'처럼 보인다. 주변 맥락이 알파벳인지 아라비아 숫자인지에 따라 다르게 인식되는 것이다.

인터넷에서 가끔 볼 수 있는 '케임리브지 대학의 연결구과에 따르면~'으로 시작하는 글도 일종의 맥락 효과가 작용한 결과라고 볼 수 있다. '케임리브지', '연결구과'라는 엉터리 단어로 만들어진 문장이지만 우리는 자연스럽게 주변 단어들의 조합과 사전 지식 속에서 '케임브리지 대학의 연구 결과에 따르면~'으로 문장을 인지한다. 이렇게 시각적인 측면부터 우리는 맥락을 참고하여 사고하고, 나아가 의사 결정을 할 때도 맥락은 중요한 역할을 한다.

옷가게에 옷을 사러 갔을 때를 생각해 보자. 원래 사고 싶었던 옷을 염두에 두고 매장에 갔는데, 직원이 그 옷보다 더 비싸고 좋은 옷을 함께 추천해 주면서 둘 다 입어 보라고 권유하는 상황은 심심치 않게 일어난다. 사라고 안 할 테니 일단 잘 어울리는지 입어나 보라고 계속 권유를 할 때도 있다. 이럴 때 마지못해 비싼 옷을 걸쳐 봤다가 확실히 더 편하고 좋아서, 원래 사려고 했던 옷은 더 이상 눈에 들어오지 않게 된 경험이 한 번쯤은 있을 것이다. 결국 원래 사고 싶었던 옷만 입어 보았다면 그 옷을 잘 구입해서 귀가했을 텐데, '더 좋은 제품'이라는 맥락이 등장하면서 상황이 변했고 합리적인 선택이 아닌 예상에 없는 지출을 하게 된다. 옷 가게 점원이 더 비싼 옷을 입어 보라고 추천하는 것은 맥락 효과를 이용해서 수익을 올리려고 하는 마케팅 전략이다.

이렇게 맥락에 따라 똑같은 것도 다르게 인식되기 때문에, 일상에서 합리적인 판단을 하기 위해서는 맥락에 휘둘리지 않도록 해야 한다. 결정을 내리기 전에 다시 한번 생각해 보는 방법도 있겠지만, 가장 좋은 방법은 자신만의 기준을 확고히 세워 두는 것이다. 업무와 관련된 결정을 내려야 할 때 자신만의 기준이 세워져 있으려면 평소에 해당 업무를 잘 파악해 두는 것이 중요하다. 실무자는 업무를 완벽히 파악하고 있는 경우가 많지만, 관리자 직급에서 개별 업무들의 내용을 잘 파악하고 있는 사람은 드물다. 보고자, 보고 형식, 데이터 제시 방식 등 부가적인 맥락에 영향을 받지 않고 결정을 내리기 위해서는 해당 업무의 핵심적인 요소들은 잘 숙지해 두는 편이 좋다. 만약 물건을 구입한다면 자신이 감당할 수 있는 예산과 꼭 필요한 성능 등을 정확히 정해 두고 쇼핑에 임하면 좋다. 똑같은 물건이라도 어떤 물건과 함께 제시되는지, 어떤 환경에서 제시되는지에 따라 느낌이 완전히 달라지기 때문에 맥락이 아닌 객관적인 기준으로 따져 보고 구매 여부를 결정하는 것이 합리적이다.

반대로 자신이 원하는 방향으로 상대방의 결정을 유도하기 위해 맥락 효과를 이용해 볼 수도 있다. 상대방에게 뭔가를 제시할 때, 내가 원하는 바를 돋보이게 만들어 줄 들러리 선택지들을 추가하는 것이 하나의 방법이다. 예를 들어, 점심 메뉴를 제안하는 상황을 생각해 보자. 내가 먹고 싶은 메뉴, 얼마 전 함께 먹었던 것과 비슷한 메뉴, 먼 곳에 있는 가게에서 파는 메뉴, 호불호가 심한 메뉴 중 점심을 고르는 걸 제안해 볼 수 있다. 별로 구미가 당기지 않는 나머지 세 개의 메뉴로 인해 내가 먹고 싶은 메뉴가 더 매력적으로 느껴질 것이다. 물론 다른 사람들도 모두 각자 의견이 있을 테니 매번 의도대로 되지는 않겠지만, 그냥 한 가지 선택지만 제안하는 것보다는 원하는 결과를 얻을 확률이 높아질 것이다.

5장

답답한 꼰대 대신 같이 일하고 싶은 선배가 되려면?

실장이 된 최도진은 자신도 모르게 '나 때는 말이야…'를 외치는 실수를 하고 만다. 어느새 꼰대가 되어 버린 걸까? 하지만 최도진은 좋은 선배가 되고 싶다! 이전에 함께 일했던 선배들의 모습을 찬찬히 떠올려 본다. 실패했을 때 담당자 탓만 하는 상사, 일이 다 끝나고 나서야 "그럴 줄 알았다!"라고 말하는 상사…. 나도 그런 선배가 되고 있는 건 아닐까? 자꾸만 당연한 걸 물어보는 후배에게 어떻게 대해야 할지, 같이 일하고 싶은 상사가 되려면 어떻게 해야 할지가 너무나 궁금하다.

부장님이 그렇게 '라떼'를 찾는 이유

회고 절정

회식 때 입만 열면 옛날이야기를 늘어놓는 상사들이 있다. '내가 처음에 입사했을 때만 해도 우리 회사가 어땠는데'부터 시작해서, 그 시절 자신이 얼마나 다양한 일을 하면서 고생했는지까지 침을 튀겨 가며 말한다. 여기까지는 잘 몰랐던 옛날이야기 듣는 셈 치고 회사를 위해서 너무 고생 많이 하셨고, 대단하시다고 치켜세우며 넘어갈 수 있다. 하지만 한 발짝 더 나아가서 종이만 쓰던 그때에 비하면 요즘은 전산화가 되어서 일이 많이 없어졌다는 등, 요즘은 회사가 좋아져서 별의별 복지가 다 생겼는데 젊은 직원들은 배가 불러서 불만이 많다는 등 이야기로 이어지면 슬슬 술이 당기기 시작한다.

나이가 지긋한 40~50대의 상사들과 회식을 하다 보면, 바로 몇 년 전의 이야기보다는 본인의 사회 초년생 때의 이야기를 꺼내는 사람들이 많다. 보통은 신입 사원부터 대리 때까지의 파란만장한 무용담을 들려주는데, 왜 그 많은 사회생활 이야기 중 하필 제일 오래된 이야기를 하는 걸까?

심리학 연구에 따르면, 중년과 노년기의 사람들에게 과거의 삶을 돌아보게 하는 경우 10대 후반에서 20대까지 초기 성인기의 사건들을 더 중요한 것으로 느끼고, 더 생생하게 기억하는 경향이 있는데, 이를 회고 절정Reminiscence bump이라고 한다.

노년층의 기억 회상과 관련한 몇몇 연구에서는, 의도하지 않았지만 공통적으로 회고 절정 현상이 나타났다. 이들 연구에서 연구자들은 중년에서 노년의 실험 참여자들에게 다양한 단어를 제시한 뒤 그 단어와 관련된 개인적인 기억을 떠올려 보라고 요청했다. 각기 다른 목적으로 진행된 실험들이었지만, 참여자들이 떠올린 기억들 중 10대 후반에서 30대 초반까지 기억의 수가 다른 시기의 기억들에 비해 더 많았다.[1] 이런 경향은 40대 이상부터 강하게 나타났다. 초기 성인기의 기억은 다른 시기의 기억들에 비해 더 생생하게 기억된다는 사실 또한 여러 연구로 밝혀졌다. 평균 연령 약 70세 정도의 참여자들에게 생생한 기억 3가지를 떠올려 보라고 했을 때, 10대 후반에서 20대까지의 기억이 다수를 차지했다.[2]

이렇게 10대에서 20대 또는 30대 초반까지의 경험을 더 많이 생생하게 기억하는 이유에 대해서는 여러 가지 해석이 있는데, 해당 시기의 경험들이 정체성을 형성하는 데 중요하기 때문이라는 설명이 대표적이다. 저명한 심리학자 에릭 에릭슨Erik H. Erikson에 따르면 개인의 정체성은 청소년 후반기부터 형성되는데, 해당 시기의 다양한 경험들을 통합하는 작업으로부터 시작된다.[3] 따라서 청소년기부터 초기 성인기까지의 경험이 사람들의 기억에 더 생생하게 남을 수밖에 없다는 해석이다. 개인의 정체성과 마찬가지로 사회인으로서의 정체성 역시 신입 사원에서 주임 또는 대리 직급의 기간 동안 형성될 것이다. 보통은 해당 시기에 새롭고 다양한 경험들을 많이 하게 되고, 그 경험을 토대로 어떻게 사회생활을 해야 하는지 배운다. 따라서 회사에서의 기억을 회상할 때 신입 사원이나 대리 때의 경험이 많이 생각나는 건 어떻게 보면 당연하다.

사실 회고 절정으로 인해 본인의 사회 초년생 시절 이야기를 좀 한다고 해서 모두 꼰대가 되는 건 아니다. 그냥 그때 그 시절 이야기를 들려주는 건 딱히 나쁠 게 없으니 말이다. 하지만 나이가 지긋한 차장, 부장급의 상사들이 겪은 15~20년 전의 경험을 바탕으로 직원들에게 조언을 해주려다 보니 갈등이 생기고 만다. 세월에 따라 크게 변하지 않는 인간관계 팁, 회사라는 조직에서의 생활, 직급별로 갖추어야 하는 자세 같은 보편적인 사회생활 관련 내용들은 현재를 살아가는 젊은 직원들에게도 도움이 될 수 있다. 그러나 빠르게 변화하는 현대 사회에서 15~20년 전에 통용되던 스킬이나 업무 방식, 조직 문화와 관련한 조언은 현재와는 동떨어져 있는 경우가 많다. 자꾸 그 당시의 기준으로 현재를 해석하고 조언하려고 하니 꼰대가 되는 것이다.

더 나아가 회고 절정이 장밋빛 회상 Rosy retrospection 과 결합하면 상황은 더 머리 아파진다. 장밋빛 회상은 사람들이 현재에 비해 과거의 상황을 더 나았던 것으로 생각하는 인지 편향을 뜻한다. 일반적으로 과거의 부정적인 요소들은 시간이 지남에 따라 점점 희미해지고 긍정적인 기억들만 남는다. 당장 스마트폰에 있는 지난 여행 사진을 보면 새롭고 놀라운 풍경들, 맛있는 음식들이 먼저 생각나지, 여행을 준비하기 위해 시간을 짜내며 계획을 세웠던 일, 여행을 가서 예상과 달라 당황했던 일은 잘 떠오르지 않을 것이다. 장밋빛 회상이 회고 절정과 융합하게 되면, '내가 대리 때는 회사가 이렇지 않았는데 지금은 문제가 많다'라는 무시무시한 라떼가 한 잔 나오게 된다.

사회 초년생 시절의 경험들이 사회인으로서의 정체성을 형성하는 데 중요한 역할을 하며, 향후 사회생활의 토대가 된다는 사실을 부정할 순 없다. 그래서 많은 상사들이 그때의 다양한 경험을 후배들에게 이야기해 주며 자신보다 더 잘 회사에 적응하기를 바랄 수 있다. 하지만 그것이 지나치게 반복되거나 시대착오적인 발상으로 이어지면 더 이상 조언이라고 할 수 없다. 나도 모르게 그때의 일들이 떠오를 수는 있지만, 입 밖으로 꺼내기 전에 한 번 더 생각하는 시간을 가져 보자. 지금 내가 하려고 하는 말이 오늘날에도 여전히 동일하게 적용될 수 있는지를 말이다.

실패했을 때 담당자 탓만 하는 상사의 심리?

기본적 귀인 오류

한때 '누칼협'이라는 말이 인터넷 밈^{Meme}으로 유행했다. 누군가가 자신이 피해를 보는 등 좋지 못한 상황에 처했다는 글을 올리거나, 이와 관련한 기사가 올라오면 득달같이 '누칼협?'이라며 댓글이 달렸다. 누칼협은 '누가 칼 들고 협박함?'의 줄임말인데, 누가 하라고 협박한 것도 아니고 본인이 스스로 선택한 결과이므로 자신이 온전히 책임지는 게 마땅하니 푸념하지 말라는 뜻이다. 언뜻 보면 그저 징징거리지 말라는 말로 보이지만, 그 이면에는 사건의 원인을 개인에게 모두 돌리려고 하는 사람들의 심리가 들어 있다.

일상을 돌아봐도 우리는 다른 사람이 나쁜 상황에 처하거나 실수를 했을 경우, 다른 이유는 제쳐 두고 일단 그 사람 자체에 문제가 있어서 그런 상황이 벌어졌다고 생각한다. 예를 들어, 동료가 기한에 맞춰서 업무를 다 처리하지 못하면 업무 능력이 부족한 게 아닌가 자연스럽게 생각한다. 사실 몸이 너무 안 좋았을 수도 있고, 컴퓨터가 갑자기 꺼져서 잘 작업하고 있던 파일이 날아갔을 수도 있지만 그런 이유들이 먼저 떠오르지는 않는다. 도로에서 무리하게 끼어들며 서두르는 운전자를 보면 법규를 지키지 않는 무식한 사람이라고 먼저 생각하지, 부모님의 임종을 지키러 가는 등 정말 늦으면 안 되는 사정이 자연스럽게 생각나지 않는 것처럼 말이다.

심리학자 리 로스^{Lee Ross}는 사람들이 특정한 행동의 원인을 추론할 때 상황적인 요인들은 경시하고, 개인의 기질 탓을 많이 하는 경향을 기본적 귀인 오류^{Fundamental attribution error} 이론으로 정립했다.

기본적 귀인 오류의 가장 고전적인 연구는 에드워드 존스와 빅터 해리스Victor A. Harris의 피델 카스트로Fidel Castro 연구이다. 실험이 진행된 1967년 당시 미국에서 피델 카스트로는 쿠바의 반미 성향 지도자로 악명을 떨치고 있었다. 해당 연구에서 실험 참여자들은 다른 사람들이 작성한 카스트로를 지지하는 글과 반대하는 글을 읽고 질문에 답해야 했다. 여기서 참여자들은 두 집단으로 나뉘었는데, 한 집단은 해당 글들이 개인의 의사에 따라 작성되었다고 안내받았고, 다른 집단은 토론 코치의 지시에 따라 특정 입장을 부여받아 글들이 작성되었다고 안내받았다.

글을 모두 읽고 난 뒤 참여자들은 해당 글이 글쓴이의 실제 입장을 반영하고 있는지 응답하였다. 당연하게도 개인의 의사에 따라 글이 작성됐다고 안내받은 집단에서는 글쓴이가 실제로 카스트로를 지지 또는 반대하는 입장이라고 응답했다. 그런데 토론 코치에 따라 입장을 배정받아 글이 작성됐다고 안내받은 집단 역시 많은 사람들이 글쓴이가 정말로 카스트로를 지지 또는 반대하는 입장이라고 추론했다.[1] 글쓴이가 자신의 자유의사에 따라 글을 작성한 것이 아님에도 참여자들은 글이 실제 글쓴이의 입장을 반영한다고 생각한 것이다.

기본적 귀인 오류가 일어나는 원인 중 하나는 타인의 행동을 개인의 탓으로 돌리는 게 훨씬 간편하기 때문이다.[2] 특정 행동에 복잡하게 얽혀 있는 상황적인 요인은 알아차리기도, 제대로 파악하기도 어렵다. 회사에 지각을 한 사람을 봤을 때, 갑작스럽게 지하철

파업이 있어서 버스를 탔다가 사고가 나서 지각을 했다는 사실을 알기는 쉽지 않다. 인터넷 기사를 찾아보거나, 직접 물어보는 등 부가적인 절차가 필요하기 때문이다. 이보다는 그냥 그 사람이 게을러서 지각을 하지 않았을까 생각하는 편이 더 간단하고 쉽다. 그저 더 직관적이고 간단하기 때문에 사람들이 별생각 없이 행동의 원인을 개인의 탓으로 생각하고 넘어가 버린다.

기본적 귀인 오류를 생각해 보면 사람들이 누칼협을 외치며 개인 탓을 하는 걸 어느 정도 이해해 볼 수는 있다. 그런데 재미있는 점은 누칼협이라며 당사자가 해명할 기회도 주지 않던 사람들이 막상 본인이 같은 상황에 놓이게 되면 자신은 자기 탓이 아니라며 똑같이 징징거린다는 점이다. 사람들은 자기 자신의 성공은 자신의 덕으로, 실패는 외부 요인의 탓으로 돌리는 자기 위주 편향Self-serving bias이라는 경향성도 가지고 있기 때문이다. 회사에서 좋은 성과를 내면 본인의 업무 능력이 너무 뛰어나서 그렇다고 생각하지만, 좋지 않은 성과를 낸 경우 평가 시스템이 이상했다거나 주변 동료들이 도와주지 않아서 그랬다고 생각하는 모습을 떠올리면 된다. 기본적 귀인 오류와 자기 위주 편향이 잘 버무려지면, 다른 사람이 좋지 않은 상황에 처했을 때는 그 사람 탓만 하고, 본인이 같은 상황에 처했을 때는 외부적인 상황 탓만 하게 되는 내로남불 완전체가 탄생한다.

자신에게는 관대하고, 아래 직원들에게는 가혹하게 대하는 사람, 팀의 성공은 본인의 덕으로 실패는 팀원들의 탓으로 돌리는 사람은 꼰대를 넘어서 상종하고 싶지도 않은 부류이다. 스스로가 상종하기 싫은 사람이 되지 않으려면, 다른 사람의 행동의 원인을 추론할 때 성급하지 말아야 한다. 우리가 가진 다양한 편향과 오류들은 시간이 촉박할 때 더 쉽게 일어난다. 조금 더 긴 호흡으로 원인을 파악하고, 당사자에게 충분한 설명을 듣는 시간을 갖는다면 보다 종합적인 원인 파악이 가능할 것이다. 또는 다른 사람의 행동이나 사건의 원인을 추론할 때 당사자 개인의 탓이 한 가지 떠올랐다면, 기계적으로 외부 요인도 한 가지 생각해 보는 습관을 들여 보자. 일이 잘못됐을 때 당사자 탓만 한다면 그 사람에게 화가 나서 무례한 행동을 하거나 잘못된 판단을 내릴 수 있지만, 외부적인 요인을 떠올린다면 평정심을 찾을 수 있고, 정확한 원인을 파악해 낼 수도 있을 것이다.

일이 끝나고 "그럴 줄 알았다!"라고 말하지 말자

사후 확신 편향

5장 답답한 꼰대 대신 같이 일하고 싶은 선배가 되려면?

개인적으로 주식은 악마의 심리 상품이라고 생각한다. 주식 투자를 일단 시작하면 명확한 투자 원칙이 있는 게 아닌 이상 만족스러운 상황이 극히 제한적이기 때문이다. 내가 주식을 샀는데 주가가 떨어지면 '괜히 샀네!' 하고 후회하고, 오르면 '더 살걸!' 하며 후회한다. 만약 주식을 팔았는데 주가가 오르면 '팔지 말걸!' 하며 후회한다. 유일하게 행복한 경우는 주식을 익절하고 주가가 떨어질 때인데, 이마저도 '아! 맨 처음에 조금만 더 사둘걸!' 하는 아쉬운 생각이 든다. 이런 다양한 후회들의 기저에 있는 생각이 바로 '내가 이럴 줄 알았다! 이 주식은 무조건 오를 것 같았는데!', '떨어질 것 같았는데 바보같이 왜 샀지!' 같은 생각이다. 하지만 주식을 살 당시로 다시 돌아가면 절대로 주식이 오를지 내릴지 완벽하게 예측할 수 없기 때문에 우리는 아마 똑같은 선택을 할 것이다.

주식 투자뿐만 아니라 무슨 일이든 실제 결과가 나오기 전에 결과를 예측하기란 쉬운 일이 아니다. 정확한 예측을 하기 위해서는 관련된 수많은 데이터를 꼼꼼히 확인하고, 계속해서 시뮬레이션하고, 최종적으로는 운까지 따라 줘야 한다. 그러나 결과가 나온 후에는 많은 사람들이 왠지 원래부터 그럴 것 같았다는 생각을 한다. 사람들은 어떤 일이 일어난 뒤에 자신이 그 일을 사전에 예측할 수 있었던 것처럼 착각하는데, 이를 사후 확신 편향Hindsight bias이라고 한다. 많은 스포츠 팬들이 경기가 시작하기 전에는 입을 꾹 다물고 있다가, 경기가 끝나고 나면 '내가 오늘은 질 줄 알았다!', '오늘은 처음부터 딱 보니까 이길 것 같았다' 같은 말을 내뱉는 이유가 사후 확신 편향 때문이다.

심리학자 바루크 피쇼프$^{Baruch\ Fischhoff}$와 루스 베이스$^{Ruth\ Beyth}$는 사후 확신 편향의 초기 연구에 큰 기여를 한 학자들이다. 이들은 특정한 사건이 일어날 확률을 사건이 발생하기 전후에 걸쳐 예측하게 한 후 이를 비교하는 방식으로 실험을 진행했다. 실제 연구에서 실험 참여자들은 연구가 이루어지던 1972년 상반기에 예정된 미국 대통령 리처드 닉슨$^{Richard\ M.\ Nixon}$의 중국과 소련 방문이 낳을 결과들을 확률로 예측하는 과제를 수행했다. 이때 참여자들은 추후 동일한 예측을 다시 할 거라는 사실을 전혀 모르는 상태였다. 시간이 흘러 닉슨 대통령의 방문 이후, 연구자들은 참여자들에게 예전 실험에서 자신이 해당 결과가 일어날 확률을 얼마로 예측했을지 떠올려 보라고 요청했다. 그러자 참여자들은 본인이 이전에 응답했던 확률보다 더 높은 확률로 해당 사건을 예측했을 거라 응답했다.[1] 이는 참여자들이 실제 사건이 일어나고 나면, 그 사건이 일어날 확률을 과대평가한다는 사실을 잘 보여 준다.

사후 확신 편향이 일어나는 원인은 사람들의 기억과 밀접한 연관이 있다.[2] 4장의 '구성적 기억' 편에서 알아보았듯이, 인간의 기억은 불안정하며 기억을 회상할 때 일정 부분 재구성이 일어난다. 사람들은 자신이 이전에 특정 사건이 일어날 확률을 어느 정도로 예측했는지 떠올리기 힘든 경우, 이미 알고 있는 정보를 참고하여 추론하게 된다. 즉, 이미 일어난 사건의 결과를 토대로 과거의 확률을 추론하는 것이다. 또한 결과를 알게 되면 그 결과는 이전에 자신이 가지고 있던 정보들과 빠르게 연합된다. 스포츠 경기를 예로 들면, 응원하던 팀의 승리라는 현재의 결과와 출전 선수의 최근 좋았던 컨디션, 감독의 승률 등 기존 기억이 연합해 승리가 너무나도 당연했던 것처럼 재구성된다. 결국 다시 기억을 떠올릴 때는 마치 이미 승리가 정해져 있었던 것처럼 느끼는 것이다.

사후 확신 편향은 자신이 사건의 결과를 잘 예측할 수 있고, 앞으로 일어날 사건들도 잘 통제할 수 있다는 자신감을 준다는 점에서 삶에 이로운 점이 있다. 하지만 사후 확신 편향은 직장에서 크게 2가지 측면에서 문제를 일으킬 수 있다. 첫째로 과정과 원인을 경시하게 되기 때문에 추후 비슷한 업무에서 실수가 일어날 확률이 높아진다. 사전에 결과를 예측할 수 있었다는 느낌이 들면 해당 결과가 당연하게 생각되기 마련이다. 결국 어떤 과정을 거쳐 해당 결과가 나왔고 무엇이 원인인지 꼼꼼히 살펴보지 않게 되고, 향후의 비슷한 업무들을 수행할 때 잘못될 확률이 높아진다. 두 번째로는 다른 직원들과의 관계가 안 좋아질 수 있다. 일이 잘되거나 잘못되거나 내가 그럴 줄 알았다는 식으로 반응하면, 실제 일을 한 사람들의 사기가 떨어진다. 일이 잘됐는데 그럴 줄 알았다고 하면 상대방의 노력을 부정하는 게 되고, 일이 잘못된 경우엔 알면서 사전에 잘못을 바로잡지 않아 고의로 일을 망친 게 된다. 매번 '내가 그럴 줄 알았다!' 식으로 반응하는 상사들을 보면 답답하고 한 대 쥐어박고 싶은 생각이 들지 않는가?

앞서 이야기했듯 인간의 기억 방식 때문에 사후 확신 편향이 일어나므로 이를 없애는 건 불가능하다. 사람들이 사후 확신 편향이라는 개념을 인지하고 없애려는 의지를 가지고 있는 경우에도 사후 확신 편향이 일어난다는 연구 결과도 있다.[3] 해당 연구에서 참여자들은 숫자 값으로 답할 수 있는 여러 개의 문제를 푸는 과제를 수행했다. 일주일 후 참여자들은 이전에 풀었던 문제들의 정답을 보고 난 뒤, 같은 문제들에 일주일 전에 어떤 답을 했는지 회상하도록 요청받았다. 실험 과제를 하기 전후 수시로 연구자들은 사후 확신 편향이라는 현상이 존재하며, 이 사실을 알면 편향이 줄어드는지 알고 싶다고 대놓고 참여자들에게 말했다. 그럼에도 불구하고 참여자들은 자신이 일주일 전에 응답했던 값이 실제보다 정답에 가까웠다고 회상했다.

그래도 사후 확신 편향의 정도를 줄이는 방법은 있다. 우선 사건의 결과와 반대되는 결과가 나온 경우를 상상해 보는 것이다. 이를 통해 다양한 원인들을 고려해 보는 기회를 가질 수 있고, 해당 결과가 당연하게 나왔다는 사고를 어느 정도 억제할 수 있다. 또는 기억의 재구성을 막기 위해 상세한 데이터를 가지고 있는 것 역시 하나의 방법이 될 수 있다. 해당 결과가 나오게 된 원인들을 객관적으로 파악함으로써 결과를 가지고 원인을 파악하는 일종의 순환 참조식 기억 왜곡을 피할 수 있다. 마지막으로 다 떠나서 사후 확신 편향적 사고를 입 밖으로 꺼내지 말자. 뭔가 그럴 것 같았더라도 사람들에게 말하지 말고 혼자 생각만 하자. 일이 잘되든 안 되든 '내가 그럴 줄 알았다'라는 말은 득보다 실이 많다.

꼰대가 되지 않기로 다짐하는 최 실장.

다른 사람도 나처럼
생각할 것이라는 착각

허위 합의 효과

한창 코로나19 팬데믹이 심하던 시절, 많은 회사들이 재택근무 제도를 도입했다. 내가 다니는 회사는 속전속결로 재택근무를 시작했는데, 지인의 이야기를 들어 보니 모두가 그런 건 아니었다. 그 회사의 관리자들은 재택근무는 절대 안 된다며 도입을 반대했다고 한다. 직원들 사이에서는 관리자 본인들이 재택근무를 하면 일을 안 할 테니 다른 직원들도 그럴 줄 알고 재택근무를 반대하는 거 아니냐고 하는 이야기가 돌았다고 한다. 시간이 흘러 확진자가 점점 늘어나 정상적인 운영이 어려워지자 부랴부랴 재택근무를 시작하긴 했지만, 시간 단위로 업무일지를 제출해야 하는 등 까다로운 제약 조건이 붙었다고 한다. 그런데 재택근무를 반대하던 회사의 관리자들은 재택근무가 시작되자 전화도 잘 받지 않고, 업무 메일이나 메신저에도 답장을 잘 하지 않았다고 한다.

지인의 일을 너무 상세히 알고 있어서 의아할 수도 있지만 정말 친한 지인이라서 그렇다. 아무튼 그 지인의 이야기를 듣고 나니, 역시 사람이란 다른 사람들도 자기와 똑같이 생각하고 행동할 거라 믿는다는 사실이 떠오르며 고개가 끄덕여졌다.

사람들은 자신의 생각, 선택, 판단 등을 보편적인 것으로 느끼며, 다른 사람들도 으레 그렇게 생각하겠거니 하는 착각을 하는데, 이를 허위 합의 효과 False-consensus effect라고 한다. 우리는 주변에서 허위 합의 효과에 빠져 행동하는 사람들을 쉽게 찾아볼 수 있다. 부장들은 다른 젊은 직원들도 모두 회식을 좋아하지 않을까 생각하며 매주 회식을 제안한다. 본인들의 생각에는 집에 들어가기도 싫은데 회삿돈으로 맛있는 음식과 술도 먹고 즐거운 대화도 나누고 마다할 이유가 없으니 말이다. 주말 1박 2일 워크숍, 등산, 체육대회 등 레퍼토리는 다양하다. 이외에도 총선이나 대선 등 굵직한 선거 결과가 나오면, 사람들은 선거에서 자신이 지지하지 않는 후보의 득표율을 보며 이렇게나 자기와 다른 견해를 가진 사람이 많았다는 사실에 충격을 받곤 한다.

심리학자 리 로스와 데이비드 그린David Green, 파멜라 하우스Pamela House가 처음으로 허위 합의 효과를 실험하고 검증했는데, 그중 하나를 간략하게 살펴보자. 연구자들은 참여자들에게 몇 가지 시나리오와 선택지를 주고, 해당 상황에서 본인과 다른 사람들이 각각 어떤 선택을 할지 추론하게 했다. 시나리오 하나를 예시로 들면, 당신이 운전을 하다가 과속으로 적발되어 20달러짜리 딱지를 받았는데, 벌금을 그대로 지불할 것인지 소송을 진행할 것인지와 같은 양자택일의 시나리오였다. 참여자들은 벌금을 그대로 지불할 사람들의 비율과 소송할 사람들의 비율을 예측하고, 본인은 어떤 선택을 할지 등의 질문지에 응답했다. 예를 들어 '30퍼센트의 사람들은 벌금을 그대로 낼 것'이고, '70퍼센트의 사람들은 소송을 할 것'이며, '자신은 소송을 할 것이다' 등으로 응답하는 형태이다.

실험 결과, 사람들은 본인이 선택한 선택지를 더 많은 사람들이 선택할 것이라고 생각했다.[1] 위에서처럼 본인이 소송을 할 것이라고 선택한 사람은 더 많은 비율의 사람들이 소송을 선택할 것이라고 추측했다. 더 나아가서, 본인과 반대되는 선택을 한 사람들은 일반적인 사람들에 비해 성격 특성이 더 극단적일 것으로 예측했다. 쉽게 말하면, 자신과 다른 선택을 한 사람들을 특이하다고 생각한 것이다.

허위 합의 효과가 나타나는 이유는 대개 주변 환경과 인간 사고의 특성 때문이다.[2] 사람들은 자신과 비슷한 사람들과 주로 어울리는 경향이 있기 때문에, 안 그래도 비슷한 의견과 정보만 보고 듣는다. 여기에 확증 편향을 통해 더욱 자신의 생각과 일치하는 정보들만 수집하고, 자신의 생각이 보편적이라고 생각한다. 3장의 '사고의 이중 과정 이론' 편에서 잠깐 소개한 가용성 휴리스틱도 원인 중 하나다. 사람들은 머릿속에서 쉽게 떠오르는 것의 발생 확률을 더 높게 생각하는데, 본인의 생각이나 선택이야말로 가장 쉽게 떠오르는 것들 중 하나다. 그러므로 자신의 생각이나 선택이 더 많이 발생할 것이라고 과대평가하고, 더 보편적이라고 생각하게 된다.

만약 보고서나 기획안을 열심히 작성해서 보고했는데 '내가 생각하기에 그건 아닌 것 같은데?', '그건 좀 일반적이지 않은 특이한 생각 아닌가?' 같은 소리를 하는 팀장이 있다면 그는 허위 합의 효과에 빠져 있을 가능성이 크다. 대표, 임원 등이 일반 직원들의 생각과는 동떨어진 이상한 의견을 내는 것도 마찬가지이다. 보통 관리자나 리더 직급에 있는 사람들은 비슷한 직급의 사람들과 더 자주 소통하기 때문에, 하위 직급의 사람들과는 보편적이라고 믿는 생각이 다를 수 있다. 당연하게도 이런 경향성은 직급 간 소통이 부족할수록 더 강하게 일어난다. 심한 경우 하위 직급의 실무자들은 자신의 의견이 늘 이상한 것으로 취급되고, 위에선 현실과 동떨어진 지시들만 내려온다고 생각하고, 상위 직급의 관리자들은 실무자들이 자신의 당연한 의견에 토를 달고 이상한 기획만 한다고 생각하는 파국에 이를 수 있다.

이러한 상황을 돌파하기 위해서는 결국 자신과 다른 견해를 가지고 있는 사람들의 이야기를 더 귀 기울여 들어야 한다. 많은 고위급 관리자들은 실무자들이 참여하는 회의는 낮은 빈도로 참여하거나 후 순위로 취급하는 경향이 있는데, 귀찮을 수는 있지만 실무자들과의 정기적이고 잦은 미팅이 필요하다. 대부분 대표 이하 사측의 일방적인 발표 자리가 되긴 하지만, 대표부터 신입 사원까지 전 직원이 참여하는 타운홀 미팅Town hall meeting 역시 잘 운영되기만 하면 허위 합의 효과를 줄이는 좋은 방법이 될 수 있다. 마지막으로, 다른 의견을 특이한 것으로 치부하지 말고, 본인의 생각이 특이한 것일 수도 있다고 자주 의심하는 게 좋다. 항상 하는 이야기이지만 어떤 의견이나 판단의 근거는 자신의 기억이나 믿음, 느낌이 되어선 안 된다.

후배는 당연한 걸 왜 자꾸 물어볼까?

지식의 저주

얼마 전 오래된 메일함을 정리하다가 대학교 3학년 때 전공 강의 교수님께 보냈던 메일을 발견했다. 무슨 내용이 적혀 있을지 궁금해서 메일을 열어 보고는 예상치 못한 포인트에서 충격을 받았다. 내용은 둘째 치고 문체나 형식이 정말로 어린 티가 풀풀 나는 대학생의 메일 그 자체였던 것이다. 1학년도 아니고 3학년 때 쓴 메일이니 당연히 어느 정도의 형식을 갖춰서 깔끔하고 예의 바르게 메일을 작성했으리라 생각했는데 전혀 아니었다. 그 당시에는 교수님께 보내는 메일이니 나름 신경 써서 작성했겠지만, 회사 생활을 몇 년 하고 난 지금 시점에선 한참 어설픈 메일이었던 것이다. 어떤 정신머리를 가지고 저런 메일을 썼을까, 메일을 받은 교수님은 어떤 생각을 하셨을까 상상하며 홀로 부끄러움에 몸서리쳤다.

사람들은 과거의 나 또는 타인이 '어떻게 저런 기본적인 걸 모를 수 있지?' 싶은 어처구니없는 행동을 하는 걸 보고 충격에 빠지는 경우가 종종 있다. 프랑스의 전설적인 축구선수 티에리 앙리 **Thierry Henry**가 은퇴 후 감독으로 선수들을 지도하며, 자신이 할 수 있는 플레이를 선수들이 하지 못하는 것을 보며 답답해했다는 일화가 있다. 이렇게 자신이 알고 있는 지식을 다른 사람도 알고 있을 것이라 생각하는 오류를 지식의 저주 **Curse of knowledge**라고 부른다. 일단 어떤 지식이나 정보를 알게 되면 그것을 알기 이전의 상태를 잊게 되고, 다른 사람들이 해당 지식이나 정보를 모른다는 사실 자체를 이해하지 못하는 상황을 생각해 보면 된다. 현재는 회사에 다니면서 메일을 어떻게 써야 하는지도 배우고, 자주 업무 메일을 작성하다 보니 과거의 나도 지금과 유사하지만 조금 뒤떨어진 정도의 메일을 썼을 거라고 당연하게 기대했던 것처럼 말이다.

지식의 저주라는 개념은 경제학자 콜린 캐머러Colin Camerer와 동료들이 처음 제시하였다. 그들은 더 많은 정보를 가진 행위자가 그렇지 않은 행위자들의 행동을 더 잘 예측할 수 있다는 기존 경제학의 가정과는 달리, 정보가 더 많은 행위자가 오히려 손해를 볼 수도 있다는 점을 발견하고 지식의 저주라고 이름 붙였다.[1] 예를 들어, 판매자가 본인만 알고 있는 제품의 단점 때문에 가격을 낮춰 제품을 시장에 내놓음으로써 손해를 보는 경우를 생각해 볼 수 있다. 실제 소비자들은 제품의 단점을 알지 못하기 때문에 더 비싼 값에 판매해도 제품을 구입했을 것이다.

이후 지식의 저주 개념은 심리학 분야에서도 연구되기 시작하였는데, 그중 가장 널리 알려진 것이 손가락 두드리기 연구이다. 해당 연구에서 참여자들은 인기 있는 특정 가요의 박자에 맞춰 손가락을 책상에 두드리도록 요청받았다. 그 후 손가락 두드리는 소리를 다른 사람이 듣고 어떤 노래인지를 얼마나 많은 사람들이 맞힐 수 있을지 추측했다. 참여자들은 사람들이 노래를 절반 정도는 맞힐 수 있을 것이라고 생각했지만, 실제로는 150곡 중 단 2곡만 맞힐 수 있었다.[2] 참여자들은 실제 노래를 생각하며 손가락을 두드렸기 때문에 그 소리가 정말로 노래와 유사하게 느껴졌고, 다른 사람들의 입장을 이해하지 못한 것이다. 실제로 당장 옆에 있는 친구나 가족 앞에서 애국가에 맞춰 손가락을 두드린 후 무슨 노래인지 맞혀 보라고 하면 아마 대부분 맞히지 못할 것이다.

어느 날 회사에서 사장님의 호출을 받고 사장실로 올라갔던 적이 있다. 업무 다이어리를 챙겨 긴장한 상태로 사장실로 갔더니 내가 맡은 업무와 관련한 외부 강연 때 쓸 PPT가 필요한데, 내용을 알려줄 테니 만들어 달라는 요청이었다. 사장님께서 커다란 종이에 매우 추상적인 형태로 그림을 그리며 내용을 설명해 주는데, 놀랍게도 전혀 알아들을 수 없었다. 아마 본인은 꽤 구체적으로 설명하고 있다고 생각했겠지만, 나는 동일한 배경지식을 가지고 있지 않았기 때문에 도대체 이 사람이 무슨 소리를 하는지 당최 알 수가 없어 상당히 곤란했었다.

회사에서 진급을 계속해서 책임 있는 자리에 가게 되거나 오랜 기간 근속하다 보면 아무래도 더 많은 정보를 알게 된다. 그래서 높은 직급에 있는 사람들은 지식의 저주에 빠지기 쉽다. 우리가 상사에게 업무의 어려움을 표현했을 때, 그게 뭐가 어렵냐는 식의 핀잔이 돌아오거나, 업무 지시를 대충 해줘서 다시 설명해 달라고 하면 회사 들어온 지가 얼마나 됐는데 그것도 모르냐며 타박받기도 하는 흔한 상황을 떠올려 보자. 상사가 정말 괴롭히려는 의도로 이럴 수도 있겠지만, 지식의 저주 때문에 진심으로 답답하고 이해가 안돼서 그럴 수도 있다. 여기서 상사가 정말로 이해를 하지 못하고 계속 타박하게 되면, 업무는 더 꼬이고, 또 타박하고, 서로 관계까지 나빠지는 악순환의 고리에 빠진다.

우리가 지식의 저주에 빠져 일과 관계를 모두 망치지 않으려면, 항상 상대방과 나의 배경지식이 다르다는 것을 염두에 두어야 한다. 많은 정보를 알고 있는 경우, 다른 사람들이 하는 행동이 답답해 보일 수밖에 없다. 경기장 전체를 보여 주는 축구 중계를 보면서 왜 선수들이 비어 있는 곳으로 패스를 안 하는지 답답해하는 것처럼 말이다. 지식의 저주에서 벗어나기 위해서는 이 답답함을 이겨 내고, 구체적인 언어로 상대방에게 정보를 전달해야 한다. '이 정도는 알고 있을 테니 생략해도 되겠지?'라는 생각으로 대충 넘어가지 말자. 짧게라도 알고 있으면 넘어가겠다고 미리 말해 주고, 모른다고 하면 친절히 알려 주자. 그 사람이 선량한 사람이라면 정말 모르는 상태일 가능성이 높다. 계속 알려 줬는데도 계속 모른다고 하는 빌런이 아니라면 말이다.

내가 제일 잘 알고 있다는 착각

지적 겸손

사람이 가장 열 받는 순간 중 하나는 잘 알지도 못하면서 자신이 맞는다고 우기는 상대방과 대화할 때다. 본인이 틀릴 거라고는 상상조차 하지 않는 사람과의 대화는 벽 보고 말하는 것과 다를 바가 없다. 안타깝게도 모든 회사에 이런 상사들이 한 명씩은 꼭 있다. 유튜브 영상 몇 개를 시청하거나, 서점에서 골라잡은 책 한 권 대충 읽어 보고 그 분야의 전문가인 양 행세한다. 실제 업무를 하는 사람이 그게 아니라고 해도 "네가 대체 뭘 아냐!"라며 다그치기 일쑤다. 해당 분야 전문가의 의견을 근거로 말을 해도 주장을 굽히지 않는 경우도 심심치 않게 보인다. 여기에 더해 "네가 회사에 들어온 지 얼마나 됐지?"라는 대사에 이어 "네가 아직 우리 회사를 잘 몰라서 그래"를 시전하며 '너는 틀렸고, 내가 맞다'라고 주장하는 경우도 있다. 이럴 때는 그냥 '예, 당신의 말이 맞습니다' 하고 넘어가는 게 상책이다.

반면에 항상 열린 마음으로 아래 직원들의 의견을 경청하는 상사도 드물긴 하지만 존재한다. 이 훌륭한 분들은 본인의 생각이 있더라도 다른 사람의 의견이 일리가 있으면 발끈하는 게 아니라 자신의 생각을 수정한다. 우리는 모두 이런 상사들에게 존경심을 느끼고, 함께 일하고 싶어 한다. 심리학에서는 전자 부류의 상사들을 지적 겸손Intellectual humility 정도가 낮다고 하며, 후자 부류의 상사들을 지적 겸손 정도가 높다고 말한다. 지적 겸손이란 자신이 가지고 있는 지식의 한계를 파악하고, 오류가 있을 것을 인정하며 개방적인 태도로 새로운 의견을 받아들이는 능력을 뜻한다.[1]

'벼는 익을수록 고개를 숙인다', '물은 깊을수록 소리가 나지 않는다'와 같은 말을 보더라도, 겸손은 오랜 과거부터 미덕으로 여겨졌다. 이와 비슷한 맥락에서 지적 겸손 역시 세상을 살아가는 데 꼭 필요한 미덕이다. 연구를 통해 높은 지적 겸손이 다양한 방면에서 긍정적으로 작용할 수 있다는 사실이 밝혀졌다.[2] 지적 겸손은 공감, 이타주의, 자비로움 등의 요소뿐만 아니라 다른 사람들과 갈등 이후 용서와 화해와도 긍정적인 관계가 있었다. 또한 지적 겸손 정도가 높은 사람들은 편견을 적게 가지기 때문에 외집단에게 더 개방적이며, 더 협력하는 모습을 보인다. 이외에도 높은 지적 겸손은 어려운 지식을 습득하려고 노력하는 정도와 높은 학점과도 관련이 있었다.

팔로워들이 평가하는 리더의 역할 수행에 대한 만족도 역시 지적 겸손과 관련이 있었는데, 지적 겸손 정도가 높은 리더는 팔로워들에게 더 긍정적인 평가를 받았다.[3] 해당 연구는 회사 맥락에서 이루어진 것은 아니고, 교내 영성 생활 지도자와 학생들 간의 관계에서 이루어졌다. 하지만 리더와 팔로워라는 사회적 관계에서 역할 수행의 만족도가 리더의 지적 겸손 정도에 영향을 받는다는 사실은 직장에서 리더가 가져야 하는 태도에도 시사하는 바가 있다.

지적 겸손의 긍정적인 면들을 고려했을 때, 지적 겸손은 이번 장에서 살펴보았던 꼰대 또는 답답한 상사가 될 수 있는 다양한 편향들을 줄여 주는 데 도움이 될 수 있다. 자신이 가진 지식의 한계를 인정하고, 다른 의견을 관대하게 받아들일 수 있는 사람은 지식의 저주나 허위 합의 효과에 빠질 가능성이 낮을 것이다. 그렇다면 어떻게 지적 겸손 능력을 키울 수 있을까?

자신이 가진 지식의 한계를 알기 위해서는 스스로 자신의 생각을 검토해 봐야 한다는 점에서 지적 겸손은 일종의 메타 인지 Metacognition적 특성을 갖는다. 메타 인지란 '생각에 대한 생각'이라고 이해하면 되는데, 자기 자신의 인지 과정을 제3자의 입장에서 관찰하고 이해하는 능력을 뜻한다. 이런 맥락에서 관찰자의 시점으로 자신의 경험과 지식을 돌아보는 경우 지적 겸손 능력을 기를 수 있다. 생각으로 하는 게 어렵다면 자신이 잘 알고 있다고 생각하는 지식이나 정보를 직접 정리해서 적어 보는 것도 방법이다. 글로 적다 보면, 본인의 자식이나 정보가 얼마나 불완전한지 깨달을 수 있고 지적 겸손 정도가 상승할 수 있다. 결국 본인이 가지고 있는 지식과 정보가 정확하고 충분한지 수시로 점검하고, 제3자의 입장에서 다시 한번 생각해 보는 게 지적 겸손을 높이는 방법이다.

이 책을 읽고 있는 독자들 중 자신은 지금까지 한 번도 틀린 적이 없고, 그 누구도 자신의 의견에 반대한 적이 없어 자신이 전설적인 무오류의 존재일 거라고 생각하는 사람이 있다면 한번 잘 생각해 보자. 무오류의 존재는 현실 세계에 존재하지 않는다. 실상은 자의든 타의든 항상 억압적인 환경을 조성해 왔거나, 주변에 간신배들밖에 없어서 아무도 반박을 하지 못했을 가능성이 높다. 소크라테스가 말했다고 전해지는 '무지를 아는 것이 곧 앎의 시작이다'라는 명언이 있다. 우리는 보통 우리가 꽤 많은 것을 알고 있다고 생각하지만 실상은 그렇지 않을 수 있다는 점을 늘 염두에 두어야 하며, 여기서 진정한 성장이 시작될 수 있다.

마지막으로, 지적 겸손을 기르라고 해서 자신이 가지고 있는 지식이 항상 불완전하고 틀렸다는 태도를 가지라는 건 아니다. 다른 사람이 무슨 말만 하면 그 말이 무조건 맞고 내 생각이 틀렸다고 하는 건 지적 비굴함에 가깝다. 이런 태도는 오히려 주관이 없고 다른 의견에 이리저리 휘둘리는 것처럼 보일 뿐 전혀 겸손으로 받아들여지지 않는다. 지식의 세계는 무한하기 때문에 자신이 알고 있는 지식은 빙산의 일각일 뿐이라는 점을 인지하는 것, 그리고 항상 기존의 지식을 수정할 준비가 되어 있는 것이 지적 겸손의 핵심적인 태도라는 사실을 명심하자.

같이 일하고 싶은 상사의 비밀

조망 수용

인간은 자라면서 조망 수용Perspective taking이라는 능력을 자연스레 갖추게 된다. 조망 수용 능력이란 자신과 타인이 각기 다른 독립된 개체임을 파악하고, 다른 사람의 관점에서 그 사람의 생각, 감정 등을 파악하는 능력이다. 간단하게 다른 사람의 입장에서 생각하는 능력을 말한다. 보통 조망 수용 능력은 발달심리학 분야에서 아동의 인지발달 과정을 설명하며 자주 등장한다. 기초적인 조망 수용 능력은 영아기 직후의 아주 어린 시절부터 나타나며, 다양한 사회적 상호 작용을 거치며 자연스럽게 전 생애에 걸쳐 발달하게 된다.

하지만 주변을 보면 조망 수용 능력이 제때 발달하지 않은 건지, 아니면 이를 악물고 다른 사람의 입장에서 생각을 하지 않으려는 건지 모르겠지만 자기 입장에서만 생각하는 사람들이 너무나도 많다. 정말 친한 내 친구 중 한 명은 회사의 주요 업무는 아니지만 누군가는 꼭 해야만 하는 힘든 업무를 맡아서 하던 시절 엄청난 스트레스를 받았다고 한다. 본인이 맡고 있는 업무 관련 회의를 하면 팀장이 이건 별로 중요한 일이 아니니까 빨리 끝내자고 말한다거나, 나름 좋은 성과가 나왔을 때 이사가 별로 감흥이 없다고 말하는 등 온갖 막말을 들었다고 한다. 친구가 맡고 있는 업무가 주요 업무가 아닌 것은 사실이지만, 업무 담당자로서 책임감을 갖고 최선을 다하고 있는 친구의 입장을 전혀 고려하지 않은 발언들이 쏟아진 것이다.

많은 연구들은 공통적으로 회사의 팀장, 이사처럼 권력을 많이 가진 사람일수록 조망 수용 능력이 떨어진다는 사실을 밝혔다. 심리학자 애덤 갈린스키Adam D. Galinsky와 동료들이 수행한 연구가 가장 대표적인데, 실험 방식이 재미있다. 연구자들은 우선 실험에 참여한 사람들을 '높은 권력 집단'과 '낮은 권력 집단'으로 나누었다. 본격적인 실험 과제에 앞서 높은 권력 집단은 다른 사람에게 권력을 행사했던 경험을, 낮은 권력 집단은 타인의 권력에 의해 행동했던 경험을 회상하여 적어 보는 절차를 거쳤다. 해당 과정을 마치고 각 참여자들은 별도의 방으로 이동하였고, 여기서도 높은 권력 집단은 복권 7장을 자신과 다른 참여자들에게 각각 할당하는, 즉 권력을 행사하는 행위를 하였고, 낮은 권력 집단은 다른 참가자들이 자신에게 복권을 얼마나 할당해 줄지 추정하는 수동적인 행위를 하였다.

이렇게 권력의 높낮이를 조작하는 과정이 모두 끝난 후, 참여자들은 최대한 빨리 자신의 이마에 수성 매직으로 알파벳 대문자 'E'를 써 보라는 지시를 받았다. 그 결과, 높은 권력 집단에서는 33퍼센트의 사람들이 'E'를 자신이 쓰기 편한 방향, 즉 상대방이 봤을 때 뒤집어진 'E' 모양으로 썼지만, 낮은 권력 집단의 사람들은 12퍼센트만이 뒤집어진 'E' 모양으로 글씨를 썼다.[1] 이는 권력을 많이 가졌다고 느끼는 사람들이 그렇지 않은 사람들보다 타인의 입장을 비교적 덜 고려하며, 자기중심적인 행동을 한다는 사실을 보여 주는 결과였다. 같은 논문의 다른 실험들에서는 높은 권력 집단의 사람들이 낮은 권력 집단의 사람들에 비해 자기중심적으로 정보를 해석하며, 타인의 감정도 정확히 판단하지 못하는 모습을 보였다.

　위 연구를 고려했을 때, 관리자 직급에 있는 사람들의 조망 수용 능력이 떨어지는 것 자체는 친구 회사만의 특이한 현상은 아닐 것이다. 권력이 많을수록 조직에서의 자율성이 높아지며 거리낄 게 별로 없어지기도 하고, 연차가 많이 차이 나는 직원들과는 이름도 잘 기억하지 못할 정도로 거리가 멀어지게 된다. 이 때문에 다른 사람의 입장에서 생각해 보려고 하는 동기가 자연스럽게 약해진다. 하지만, 이런 상황에 휩쓸려 조망 수용 능력을 잃은 관리자는 오로지 권력과 힘으로 군림하는, 존경받지 못하는 상사가 될 가능성이 높다.

　직원들의 인망을 얻는 상사가 되려면 다른 사람들의 관점을 이해하는 능력이 필수적이다. 한 연구에서는 다른 사람들에게 존경받고 높은 평가를 받는 지위에 있는 사람들이 조망 수용을 더 잘한다는 사실을 밝혔다.[2] 관리자가 높은 수준의 조망 수용 능력을 가지고 있으면 조직에도 큰 도움이 된다. 조망 수용 능력이 높은 관리자는 구성원들에게 더 잘 공감하고 친밀하게 어울리며, 정보를 신중하고 효과적으로 처리함으로써 직원들을 더 잘 이끌 수 있다.[3] 그 결과, 조직의 창의성이 증가하고, 성과 또한 향상될 수 있다.

　조망 수용 능력은 지적 겸손과 함께 꼰대가 되지 않게 막아 줄 수 있는 능력 중 하나이다. 다른 사람의 입장에서 잘 생각해 보기만 하면 적어도 "나 때는 안 이랬는데 요즘은 이상하다", "누칼협", "네 생각은 좀 일반적이지 않은 것 같은데?" 같은 말들은 안 할 수 있다. 조망 수용 능력을 향상시키고자 한다면, 수시로 다른 사람의 관점에서 생각해 보고 그게 실제로 맞는지 피드백을 받아 보는 게 좋다. 또는 특정한 입장을 가지고 하는 미팅에서 서로 역할을 바꿔서 다시 한번 논의를 하는 것도 하나의 방법이 될 수 있다. 사실 대부분이 냉소적으로 바라보는 역 멘토링 제도는 조망 수용 능력을 기르는 데 꽤 좋은 방법이다. 다만 당사자들이 조망 수용 능력을 향상시키고자 하는 동기가 있어야 하고, 개인의 관점과 생각을 상급자에게도 스스럼없이 밝힐 수 있는 사내 문화가 조성되어야 효과가 있을 것이다.

6장

내 마음을 잃지 않고 재미있게 일하려면?

직원들의 고민에 적극 귀를 기울이기로 결심한 최도진! 사내 멘토링 프로그램을 만들다? 상담을 하러 온 직원들의 고민을 듣다 보니, 실패에도 굴하지 않고 성장하며 행복하고 만족스럽게 직장 생활을 하는 사람들의 비밀이 더욱 궁금해졌다. 동료가 나보다 월급을 많이 받는지 알고 싶다면? 회사 욕은 왜 하면 할수록 더 불행해지는 걸까? '다 내 탓이야'라고 생각하는 사람들에게 어떤 조언이 필요할까? 그리고 거액의 스카우트 제안을 받은 최도진은 큰 결심을 하게 되는데….

주말에 회사 근처에만 가도 오금이 저리는 이유

점화 효과

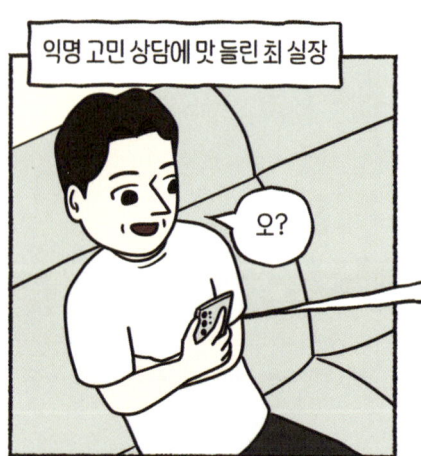

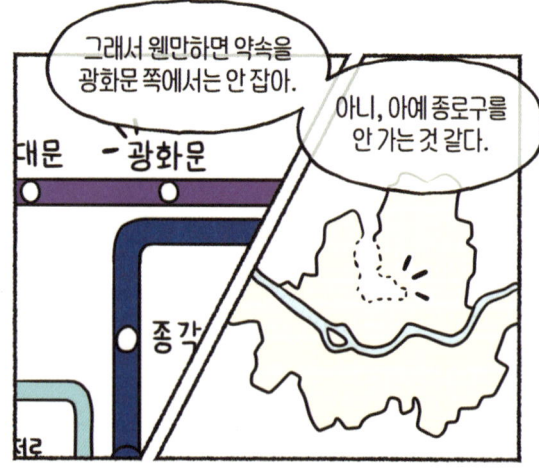

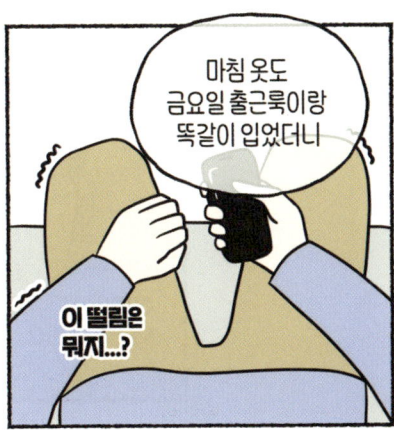

'올빼미-황조롱이-매-OO리'. 마지막의 'OO리'는 무엇일까? 고민하지 말고 바로 떠오르는 것을 말해 보자. 아마 대부분 독수리를 말했을 것이다. 그렇다면 '하마-기린-코뿔소-OO리'는 뭘까? 이번에는 코끼리가 떠올랐을 것이다. 그렇다! 심리학을 배우면 독심술을 익힐 수 있…는 건 아니고, 방금과 같은 상황은 심리학에서 점화 효과Priming effect를 연구했던 고전적인 방법의 일종이다. 똑같은 'OO리'가 주어졌지만, 사전에 어떤 단어들을 보았는지에 따라 우리의 머릿속에 뒤이어 떠오르는 단어는 달라진다. 앞선 두 상황에서 개구리를 떠올리는 것은 쉽지 않다. 맹금류나 사바나 동물들의 이름을 먼저 보았을 때 같은 종류인 독수리, 코끼리를 떠올리기는 쉽지만, 전혀 다른 양서류인 개구리를 떠올리려면 내가 가지고 있는 '리'로 끝나는 단어 사전을 뒤지는 의식적인 노력이 필요하기 때문이다. 만약 개구리가 먼저 떠오른 사람이 있다면 이상한 건 아니고, 내가 다른 사람들과 사고 체계가 조금 다르구나 하고 받아들이면 된다.

이렇게 사전에 주어진 정보가 다음 정보를 처리하는 데 영향을 주는 현상을 점화 효과라고 한다. '점화'라는 말 그대로 어떤 불씨로 인해 붙은 불이 도화선을 따라 타들어 가듯, 먼저 주어진 자극이 뒤이어 오는 생각과 판단에 영향을 주는 현상이라고 생각하면 쉽다. 점화 효과는 독수리, 코끼리, 개구리 예시처럼 주로 단어나 의미 차원에서 연구가 많이 이루어졌지만, 시각적 자극 외에 청각, 후각, 촉각 등 다양한 자극 역시 이어지는 감정, 생각 등 정보 처리에 영향을 미친다. 문득 향긋한 꽃향기를 맡으면 지난 생일날 받았던 꽃다발이 떠올라 행복한 감정이 촉발될 수도 있고, 차가운 물컵을 집었을 때는 좀 더 냉정해질 수도 있다. 우리가 휴일에 회사가 있는 동네를 지나가거나 지하철 노선도에서 회사 근처 역을 보기만 해도 부정적인 느낌이 드는 이유도 이 점화 효과 때문이다.

점화 효과를 본격적으로 연구하기 시작한 사람은 데이비드 마이어David Meyer와 로저 슈바네벨트Roger Schvaneveldt인데, 앞서 들었던 예시와 같이 단어를 이용해 실험을 진행했다. 연구에서는 참여자들에게 '빵-버터'(서로 연관된 뜻이 있는 단어 조합), '빵-간호사'(뜻은 있지만 서로 연관은 없는 단어 조합), '샤뎌-의사'(뜻이 없는 단어와 뜻이 있는 단어 조합), '위빠-뤼재'(뜻이 없는 단어 조합) 등의 단어 조합이 제시되었다. 참여자들은 두 단어 모두 뜻이 있는 단어라면 YES 버튼을, 둘 중 하나라도 뜻이 없는 글자라면 NO 버튼을 누르는 과제를 수행했다.

실험 결과, 사람들은 주어진 단어들이 '빵-버터'처럼 두 단어가 뜻이 있고 서로 연관된 단어일 때, '빵-간호사'와 같이 뜻은 있지만 서로 연관이 없는 단어일 때보다 더욱 빠르게 반응했다.[1] 빵을 보았을 때 버터가 자연스럽게 생각나기 때문에 두 단어가 모두 뜻이 있는 단어인지 더 빨리 인식할 수 있었던 것이다. 당연히 뜻이 없는 단어는 우리 머릿속에 아무런 정보가 없으므로 이들이 섞여 있는 경우에 반응 속도가 제일 느렸다.

단어 연상뿐만 아니라 우리의 다양한 사고와 행동에서 점화 효과가 나타난다는 사실 역시 연구를 통해 밝혀졌다. TV에서 음식 광고를 보았던 사람들은 그렇지 않은 사람들보다 음식을 더 많이 먹었으며,[2] 노인을 묘사하는 단어 목록을 본 사람들은 그렇지 않은 사람들보다 걸음을 더 느리게 걸었다.[3] 다른 사람을 원하는 대로 통제했던 경험을 글로 써서 권력을 가진 느낌을 점화시킨 사람들은 그렇지 않은 사람들보다 입사 지원서를 써서 평가받았을 때 더 좋은 평가를 받았으며, 면접에서도 더 긍정적인 인상을 주었다.[4]

그렇다면, 우리는 점화 효과를 어떤 방식으로 유용하게 사용할 수 있을까? 가장 간단하게는 회사와 같이 나를 힘들게 하는 곳에서 사용하는 물건들은 가급적 집으로 가져오지 않는 방법이다. 회사에 들고 다니는 가방을 쳐다보면 회사 생각이 나고, 식탁 위 사원증을 보면 괜히 출근을 해야 할 것 같은 느낌이 들어 기분이 다운되기 마련이다. 회사가 묻은 물건을 집에 어쩔 수 없이 가져와야 한다면 최대한 눈에 띄지 않는 곳에 모아 두자. 많은 사람들이 괜히 일하는 공간과 쉬는 공간을 분리하라고 하는 게 아니다.

이와 반대로 일상에서 사소한 물품을 이용하여 좋은 기분을 낼 수도 있다. 나는 여행을 갈 때마다 집 어딘가에 올려둘 작은 기념품들을 구입하곤 한다. 여행을 다녀와서 눈에 잘 보이는 곳에 그 기념품을 진열해 두면, 나도 모르게 즐거웠던 여행에서의 감정이 떠올라 하루를 더 즐겁고 활기차게 시작할 수 있게 도와주는 것 같기 때문이다. 회사의 물품과는 반대로 행복한 경험과 관련된 물건들은 좋은 기분을 점화시켜 준다. 회사 내 자기 자리에 반려동물 사진을 붙여 놓는다거나, 기분이 좋아질 만한 작은 소품들을 가져다 두는 게 스트레스를 줄이는 데 도움이 될 수 있다.

이외에도 앞서 살펴본 연구 결과들을 참고해 보면, 발표를 준비하는 동안 내가 누군가에게 통제당하고, 내 의지대로 행동할 수 없었던 상황을 상상하는 것은 금물이다. 대신에 누군가를 내가 원하는 대로 행동하게 만들었던 경험을 생각해 보자. 학창 시절에 회장이나 임원을 했던 경험, 동아리에서 중책을 맡았던 경험, 하다못해 게임을 캐리했던 경험 등을 상상한다면 조금 더 자신감 있게 말하고 행동할 수 있을 것이다. 이외에도 다이어트를 하고 싶다면 가급적 먹방 등은 시청을 피하는 것이 좋다. 간혹 다이어트를 하는 사람들 중 먹방을 보면서 배고픔을 달래는 사람들이 있는데, 그러면 점화 효과 때문에 음식을 더 많이 먹게 될 가능성이 높다.

동료가 나보다 월급을 많이 받는지 궁금할 때

사회 비교

정보 범람의 시대에 우리는 굳이 알지 않았으면 좋았을 정보도 알게 된다. 다른 사람들과의 격차가 점점 더 벌어지고 있는 작고 소중한 나의 연봉, '무료 중·석식 제공', '리프레시 휴가 2주' 등에 비하면 어딘가 내놓기 부끄러워지는 우리 회사의 복지 제도, 다른 회사에 비해 낡고 누추해 보이는 사무실. 즐겁게 하루를 보내다가도 굳이 알고 싶지 않았던 정보들을 접하면 갑자기 기분이 우울해진다.

한 조사 결과에 따르면, 한국인은 평생 34년이라는 시간을 온라인상에서 보낸다고 한다.[1] 한국인의 기대수명이 80세 초중반인 것을 고려하면, 인생의 약 40퍼센트의 시간을 온라인상에서 보내고 있는 것이다. 이렇게 긴 온라인상에서의 시간 중 업무를 하는 시간을 제외하면, 사람들은 유튜브나 OTT 서비스를 통한 영상 시청과 SNS, 온라인 쇼핑 등에 대부분의 시간을 사용한다고 한다.

우리는 인생의 40퍼센트를 차지하는 온라인 세상 속 인생에서 유튜브, SNS를 떠돌며 우리 주변에 있는 사람을 넘어 다른 지역, 다른 나라에 있는 사람들의 생활도 접한다. 여기서 우리는 자연스럽게 그들과 나 자신을 비교한다. 자유롭게 여기저기 여행을 다니며 돈을 버는 유튜버, 지난달에 얼마를 벌었는지 계좌를 인증하는 유명 학원 강사, 자신이 얼마나 비싼 옷을 입고, 맛있는 음식을 먹는지 뽐내는 인플루언서까지 나보다 잘 먹고 잘 사는 사람들은 수없이 많다. 온라인 세상 덕분에 이제는 평생 볼 일도 없을 사람들과 나의 삶은 너무나도 쉽게 비교할 수 있게 되었다.

사람들은 다른 사람들과 자신을 비교하고, 이를 통해 자신을 평가하는 사고를 하는데 이를 사회 비교Social comparison라고 한다. 돈, 물건과 같이 내가 가진 것을 비교할 수도 있고, 내가 가진 생각, 태도 등을 다른 사람의 것과 비교할 수도 있다. 사회 비교 이론을 제시한 심리학자 레온 페스팅거Leon Festinger는 사람들이 사회 비교를 하는 이유를 자신을 평가하고자 하는 사람들의 본능에서 찾았다.[2] 인간은 본능적으로 자기 자신의 생각, 태도 등을 평가하고자 하는데, 객관적인 잣대가 없는 경우 다른 사람과 비교한다고 보았다.

사회 비교에는 세 종류가 있다. 자신과 비슷한 수준의 사람과 비교하는 경우 유사 사회 비교, 능력이나 처지가 못한 사람과 비교하는 경우 하향 사회 비교, 더 좋은 사람과 비교하는 경우 상향 사회 비교라고 한다. 유사 사회 비교는 페스팅거가 처음 제시했던 사회 비교의 종류로, 나의 위치를 정확히 파악하기 위해 주로 사용한다. 다음으로, 하향 사회 비교는 보통 자존감을 챙기기 위해서 많이 이루어지는데, 나보다 처지가 못한 사람들을 보며 불안감을 해소하고 행복감을 느낀다. 하지만 다른 사람들보다 자신이 더 낫다고 안도하고 안주하게 되기 때문에 개인의 발전이나 성장 측면에는 그다지 도움이 되지 않는다. 마지막으로, 상향 사회 비교의 경우 나보다 뛰어난 사람들을 보며, 더 높은 목표를 설정하고 이를 이루기 위해 노력할 수 있다는 긍정적인 면이 있다. 하지만 이를 통해 자신의 부족함을 바라보며 자존감이 떨어질 수 있고, 나아가 우울감, 열등감을 느낄 수 있다.[3]

만화의 고민 글 작성자는 상향 사회 비교의 덫에 빠져 버린 상황이다. 처음에는 별생각 없이 다양한 정보들을 접했겠지만, 지금 다니고 있는 직장보다 처우가 좋은 회사들을 보며 자신의 상황에 만족하지 못하고 우울함을 느끼게 됐다. 그렇다면 만약 천만 원을 더 주는 회사로 이직하면 행복을 되찾을 수 있을까? 연봉을 천만 원 더 주는 회사로 이직하더라도, 그보다 연봉이 천만 원 더 높은 회사는 또 존재할 것이고, 그곳에 다니는 사람들과 자신을 비교하게 될 것이다. 근로 소득으로 지구 최고가 되는 일은 사실상 불가능하기 때문에 연봉을 통한 상향 사회 비교는 영원히 끝날 수 없고, 만족도 있을 수 없다.

만화에서도 스마트폰을 하면서 사회 비교를 하게 되었듯, 온라인 세상을 통해 우리는 사회 비교를 할 수 있는 기회를 많이 접한다. 실제로 SNS 등 소셜 미디어를 사용하면 상향 사회 비교를 많이 하게 되고, 이것이 낮은 행복감으로 이어진다는 연구 결과가 있다.[4] 요즘 자신이 우울하고 행복하지 않다면, 내가 SNS나 인터넷을 너무 많이 하면서 상향 사회 비교를 하고 있는 것은 아닌지 한번 돌아보고 사용 시간을 줄이거나 아예 사용하지 않는 것이 도움이 될 수 있다. 하지만 요즘은 내가 SNS 몇 개를 줄인다고 해서 쓸데없는 정보를 차단할 수 있는 세상이 아닌 게 문제다. 사회와 단절되어 살 수도 없는 마당에 우리는 어떻게 해야 상향 사회 비교의 굴레에서 헤어 나올 수 있을까?

한 가지 해법은 다른 사람과 나를 비교하는 것이 아니라, 나와 나를 비교해 보는 것이다. 나와 나를 비교한다는 말이 조금 의아할 수 있지만, 과거의 나, 현재의 나, 미래의 나를 서로 비교한다는 뜻이다. 우선 나보다 뛰어난 타인이 아니라 향후에 되고 싶은 미래의 나와 자신을 비교해 보자. 다시 말해, 향후 되고 싶은 나의 모습을 하나의 기준으로 삼는 것이다. 30억의 재산을 가진 50살의 나, 업계 1위 직장에 다니는 40살의 나, 마음을 터놓을 수 있는 친구 10명이 있는 60살의 나 등 구체적이고 확실한 기준을 설정하면 좋다. 외부의 조건에 휘둘리지 않는, 나의 가치관이 반영된, 나만의 비교의 잣대를 만드는 것이다. 이 방법이 상향 사회 비교보다 유리한 점은 상황에 따라 유연하게 기준을 수정할 수 있고, 미래의 나에게는 열등감을 갖지 않는다는 점이다.

일단 기준을 세웠다면 시간이 날 때마다 현재의 나는 과거의 나에 비해 미래의 나에게 가까워졌는지 확인해 보자. 아마 조금씩은 현재의 내가 과거의 나보다 미래의 나에게 가까워지고 있을 것이므로, 하향 사회 비교의 긍정적인 효과를 얻을 수 있을 것이다. 이렇게 내가 가지고 있는 나만의 비교의 기준이 있지 않다면, 계속해서 외부에서 그 기준을 찾게 되고, 새로운 정보가 들어오면 계속해서 이 기준이 내 의지와 관계없이 변화하기 때문에 결코 목표에 도달할 수 없다. 하지만 내면의 잣대가 있다면 외부의 기준에 흔들리지 않고, 자신만의 중심을 잡을 수 있다. 물론 내가 이를 실행하고자 하는 의지를 갖는 것이 무엇보다도 제일 중요하다는 점을 잊지 말아야 한다.

고마움에 뿌듯함을 느끼는 최 실장.

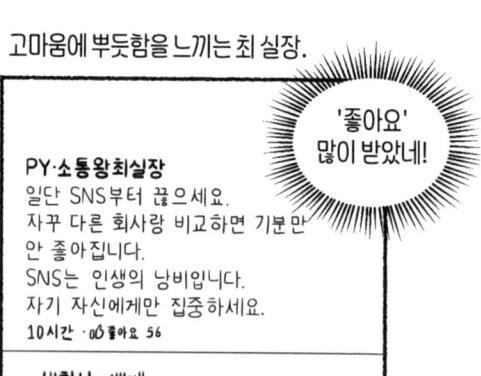
'좋아요' 많이 받았네!

PY·소통왕최실장
일단 SNS부터 끊으세요.
자꾸 다른 회사랑 비교하면 기분만
안 좋아집니다.
SNS는 인생의 낭비입니다.
자기 자신에게만 집중하세요.
10시간 · 👍 좋아요 56

새회사 · illiill
이거 보고 SNS 지웠습니다. 고맙습니다.
3시간

회사 욕은 하면 할수록 더 불행해진다?

반추 행위

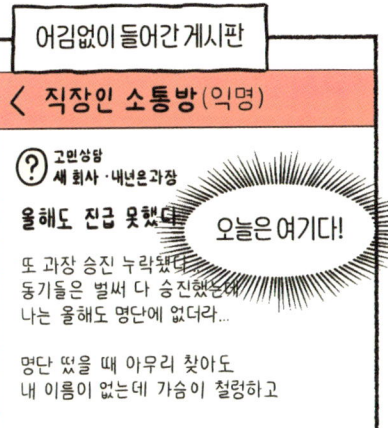

나는 생각이 많은 편이다. 앞으로 다가올 일들도 걱정하고, 이에 못지않게 과거의 일들에 대한 후회도 많이 한다. 어떤 일의 결과가 좋지 못하면 실패했던 상황을 계속 떠올리면서 왜 그런 결과가 나왔는지 끊임없이 생각하는 경우가 많다. '아까 메일을 한 번 더 확인하고 보냈으면 이런 일이 없었을 텐데', '통화하면서 쓸데없이 가능하다는 말을 꺼내지 않았으면 일어나지도 않을 일인데' 같은 생각으로 시작해서, '왜 아까 그렇게 했지? 진짜 멍청하네', '이런 상황을 만들다니 정말 한심하다' 같은 자책으로 이어지는 경우도 종종 있다. 잘못된 일이 좀 큰 사건이면 하루 종일 그 생각 때문에 다른 일이 손에 잡히지 않고 우울하기도 하다.

심리학에서는 이렇게 과거에 겪었던 좋지 않은 경험이나 힘들었던 상황을 계속해서 떠올리는 행위를 반추 행위Rumination 또는 곱씹기라고 한다. '메일을 한 번 더 확인하고 보냈으면 이런 일이 없었을 텐데'라는 생각에서 '그래, 다음부터는 더 꼼꼼히 확인하고 발송 버튼을 누르자'라는 솔루션을 도출한 뒤 행동으로 이어진다면 매우 건강한 사고이다. 하지만 반추 행위는 문제를 해결하기 위한 행동으로 이어지지 못하고, '나는 왜 이런 것도 제대로 못 할까?' 같은 자책으로 빠지기 쉽다. 보통 해결에 초점을 맞추기보다는 과거의 좋지 않았던 경험들을 반복해서 생각하며, 힘들었던 상황 자체나 고통스러웠던 감정, 한심한 자기 자신에 집중하기 때문이다.

회사가 마음에 들지 않아서 퇴사를 하고 싶어 하는 사람을 생각해 보자. 보통은 스트레스를 주는 상사나 선후배를 생각하고, 지금까지 자신을 힘들게 했던 다양한 업무들을 떠올리며 회사를 떠나야겠다고 마음먹는다. 그리고는 또 다시 회사의 이상한 의사 결정 구조 때문에 화가 났던 경험, 작고 귀여운 월급 때문에 실망했던 상황을 떠올린다. 그러다가 수습 기간에 나갔어야 하는데, 애초에 지원서를 넣지 말았어야 하는데, 어디서부터 잘못된 걸까 등 과거의 모든 기억을 끄집어내 절망 회로를 풀 가동한다. 이런 부정적인 경험들만 곱씹으면 기분은 점점 우울해지고, 우울하면 회사 생활은 더 괴로워지고, 또 회사 욕을 하고, 다시 괴로워지는 악순환의 고리에 빠져 퇴사나 이직을 위한 준비를 할 동력까지 사라진다. 매번 다채로운 회사 욕을 늘어놓지만 아무 준비도 하지 않고 결국 퇴사하지 못하는 사람들은 끊임없는 반추 행위에 갇혀 있을 가능성이 높다.

많은 심리학 연구에서 반추 행위는 우울증, 비관주의, 부정적인 사고 등과 관계가 있는 것으로 밝혀졌다.[1] 고통스러웠던 일을 끄집어내 다시 그때의 상황과 감정을 되새기는 건 그 경험을 다시 겪는 것과 마찬가지이기 때문에, 실제로 스트레스 수준이 높아지고 결과적으로 건강에도 악영향을 미칠 수 있다. 한 연구에서는 반추 행위를 하는 경우 스트레스와 관련된 호르몬인 코르티솔 수치가 높아짐을 밝혔다.[2]

연구의 참여자들은 '자신을 특별하게 만드는 것'을 주제로 3분 동안 발표를 하게 되었다. 연구자들은 해당 발표가 다른 4명의 대학생들에게 비대면 영상으로 중계되며, 평가를 받게 될 것이라고 안내했다. 물론 거짓말이었다. 발표가 끝나면 가짜 피드백이 주어졌는데, '평범한 대학생 발표 같았다'부터 '발표가 전혀 관심을 끌지 못했다'까지 다양했다. 피드백을 받은 후 참여자들은 현재 기분 등을 평가하는 설문지에 응답하고 본인의 침을 제출했다. 이후 참여자들은 1시간 동안 조용히 앉아서 휴식을 취했으며, 다시 침을 제출했다(침은 코르티솔 농도를 측정하기 위해 제출한 것이다). 마지막으로 참여자들은 반추 행위를 했는지, 현재 기분은 어떤지 응답한 후 실험이 종료되었다. 데이터 분석 결과, 휴식을 하는 1시간 동안 반추 행위를 더 많이 한 사람은 더 많은 부정적인 감정을 느꼈고, 침 안의 코르티솔 수치 또한 증가했다.

    혈중 코르티솔 수치가 높아지면 고혈압, 두통, 만성피로를 겪을 위험성이 높아지는 등 신체적인 건강에 악영향을 준다고 알려져 있기 때문에, 반추 행위는 정신적으로나 신체적으로나 좋지 않다고 볼 수 있다. 그렇다면, 우리는 건강에 별로 이롭지도 않은 반추 행위를 도대체 왜 하게 될까? 여러 이유 중 하나는 과거의 경험들을 떠올려 곱씹음으로써 자신이 문제를 해결할 수 있다고 생각하기 때문이다. 학습을 할 때 반복을 통해 이해도를 높일 수 있듯이, 과거의 나빴던 경험을 반복해서 생각함으로써 해당 문제를 이해할 수 있을 것이라고 착각한다. 하지만 '나는 왜 이렇게 한심할까?'로 이어지는 반추 행위는 문제 해결에 아무런 도움이 되지 않는다. 자신이 왜 한심한지 이유를 찾으면, 당연히 그 답 역시 부정적일 것이고 계속해서 기분만 나빠질 게 분명하니까 말이다.

반추 행위는 자신도 인지하지 못한 채 습관적으로 이루어지는 경우가 대부분이기 때문에 아예 하지 않을 수는 없다. 인생의 흑역사가 늦은 밤 침대 위에서 불현듯 떠올라 밤잠을 설치게 만드는 것처럼 말이다. 그렇다면 이미 진행되고 있는 반추 행위를 끝내는 것이 중요하다. 그러기 위해선 일단 지금 내가 하고 있는 생각에 대해 생각해야 하는데, 이것은 연습이 필요하다. 자신이 5분, 10분 동안 부정적인 생각을 하고 있다면, 그 생각이 반추 행위에서 비롯된 게 아닌지 생각해 보자. 지금 하는 생각이 문제 해결에 도움이 되는 생각인지, 그저 감정 속에서 허우적대고 있는 상태인지를 점검하는 것이다.

현재 반추 행위를 하고 있다고 판단된다면 당장 생각을 멈추면 된다. 멈추기가 어렵다면, 평소에 하지 않는 새로운 활동을 하는 게 도움이 될 수 있다. 한동안 손을 대지 않던 곳을 청소한다거나, 새로운 길로 산책한다거나, 지금껏 해 보지 않았던 요리나 운동에 도전해 볼 수도 있다. 평소에 늘 하던 활동을 하면, 몸이 자동적으로 움직이기 때문에 머리로는 계속해서 반추 행위를 할 수도 있으니 피하는 게 좋다. 처음에는 쉽지 않을 수 있지만, 반추 행위가 해롭다는 사실을 인지한 상태에서 반복적인 연습이 있다면 악순환의 고리에 빠지는 일을 줄일 수 있을 것이다.

사내 멘토링 프로그램을 만들었다!

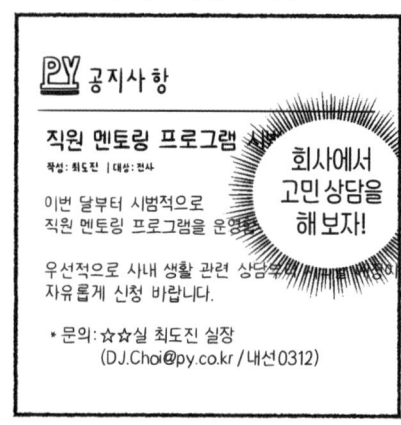

'다 내 탓이야'라고 생각하는 사람들의 심리

공정한 세상 믿음

우리는 본격적으로 사회에 내던져지기 전인 어린 시절, 다양한 매체를 통해 세상을 접한다. 위인전, 동화, 만화, 애니메이션 등으로 간접 경험을 하는 경우가 일반적이다. 해당 이야기들의 구성을 살펴보면, 우선 열심히 노력하는 착한 주인공이 있고 주인공과 주변 사람들을 괴롭히는 악당이 등장한다. 악당은 보통 뛰어난 능력을 가지고 있지만 그 능력을 나쁜 곳에 쓰며, 주인공은 처음엔 나약하지만 정직하게 노력하면서 점점 성장한다. 시간이 흘러 많은 사람들과의 우정, 희망, 사랑을 발판 삼아 강해진 주인공이 마침내 악당을 물리치고 오래오래 행복하게 살았다고 하면 옛날이야기 한 편이 뚝딱이다. 요즘은 능력을 가지고 과거로 회귀하거나 특별한 능력이 있어서 처음부터 강한 주인공이 나오는 이야기들도 많지만, 메인 줄거리는 대부분 권선징악, 인과응보, 노력의 힘으로 요약해 볼 수 있다.

하지만 세상이 동화책처럼 돌아가지 않는다는 걸 깨닫는 데에는 그리 긴 시간이 걸리지 않는다. 당장 학교에 들어가면 시험에서 부정행위를 하거나 다른 아이들을 괴롭히는 등 잘못된 행동을 하는 아이들이 합당한 처벌을 받지 않는 경우를 종종 목격하게 된다. 회사에서도 무능한데 라인만 타는 사람들이 승승장구하고, 열심히 일하는 사람들이 그들에게 밀려서 좋지 못한 평가를 받기도 한다. 이와 같은 상황에서 뭔가 세상이 잘못 돌아가고 있음을 깨닫고 분노하지 않는 사람은 거의 없을 것이다. 우리는 기본적으로 잘못된 행동을 하면 벌을 받고, 좋은 행동을 하면 보상을 받는 등 공평하게 세상이 돌아갈 것이라고 믿기 때문이다. 이처럼 세상은 공정하기 때문에 도덕적으로 합당한 행동 뒤에는 마땅히 그에 맞는 결과가 나타날 것이라고 생각하는 인지적 오류를 공정한 세상 믿음Belief in a just-world이라고 한다.

우리 모두는 세상이 공정하지 않다는 걸 경험적으로나 과학적으로나 알고 있다. 태어날 때부터 주어지는 조건도 동일하지 않고, 타고난 외모도 천차만별이다. 열심히 노력했다고 해서 무조건 좋은 결과가 있는 것도 아니며, 운이 좋아서 별다른 노력 없이 좋은 결과를 얻는 경우도 있다. 그럼에도 불구하고 사람들은 특정한 결과를 그것이 마땅히 주어져야 하기 때문에 주어진 것이라고 판단하는 오류를 범한다는 것이 공정한 세상 믿음의 핵심이다. 예를 들어, 사회적으로 성공한 사람과 그렇지 못한 사람을 보면, 보통 전자가 후자에 비해 더 열심히 일했을 것이라고 생각한다. 농담이긴 하지만 큰 성공을 거둔 사람을 보고 전생에 거북선 조타수였다는 둥, 독립운동을 해서 나라를 구했다는 둥 실제로 존재하는지 알 수도 없는 전생까지 끌고 와서 마땅한 이유를 만들기도 한다.

공정한 세상 믿음은 심리학자 멜빈 러너Melvin J. Lerner가 처음 제시하였는데, 사람들이 사건의 가해자가 아니라 오히려 피해자를 비난하는 경우가 심심치 않게 일어난다는 점에 주목하여 연구가 시작되었다. 러너의 초기 연구에서 실험 참여자들은 다른 참여자가 연구자와 함께 특정한 과제를 수행하는 모습을 관찰하였다. 여기서 연구자와 함께 과제를 수행하는 다른 참여자는 해당 과제에서 오답을 말하면 전기 충격을 받았는데, 당연히 그들은 사전에 포섭된 연기자였고 매우 생생하게 전기 충격을 받는 피해자 연기를 했다. 이 모습을 관찰하는 진짜 참여자들은 서로 다른 조건에 배정되었는데, 그중 한 조건은 해당 모습을 관찰한 뒤, 다음 과제에서도 피해자에게 전기 충격을 줄지 선택할 수 있었고, 다른 조건에서는 그런 기회가 주어지지 않았다. 관찰이 모두 끝난 후에, 참여자들은 전기 충격을 받은 사람에 대한 호감도와 인상을 평가했다.

실험 결과 전기 충격을 중단할 수 있었던 조건에 비해 아무것도 할 수 없었던 조건의 참여자들이 전기 충격을 받은 피해자에게 느끼는 호감도를 더 낮게, 인상을 더 나쁘게 평가했다.[1] 러너는 이 결과를 공정한 세상 믿음으로 설명하였다. 전기 충격을 멈출 수 있었던 참여자들은 대부분이 다음 과제에서 전기 충격을 중단시킴으로써 불편함을 해소할 수 있었지만, 그렇지 못한 참여자들은 계속해서 마음이 불편했기 때문이다. 러너는 사람들이 마음의 불편함을 해소하기 위해 피해자들을 비하함으로써 고통받아 마땅한 사람으로 만들었다고 보았다.

해당 개념은 점점 확장되어 사람마다 세상을 공정하다고 믿는 수준이 다르다는 것이 밝혀졌고, 사람들의 행동과 생각에 어떤 영향을 미치는지 알아보는 연구들이 진행되었다. 일반적으로 자신이 공정하게 대우받을 것이고, 자신의 삶이 공정할 것이라는 믿음은 일종의 희망 회로로 작용하여 삶에 도움이 된다.[2] 달콤한 미래를 생각하며 현재의 고통을 참아내는 원동력이 될 수 있기 때문이다.

하지만, 모든 결과에 마땅한 이유가 있을 것이라는 믿음은 자신이 피해자의 입장이 되는 순간 그 속성이 달라질 가능성이 있다. 공정한 세상 믿음을 강하게 갖는 사람들은 사건의 원인을 개인에게 돌리는 경향이 높은데,[3] 자칫 지나친 자책으로 이어질 수 있기 때문이다.

예를 들어, 회사를 다니면서 조금 힘들더라도 열심히 하다 보면 언젠가 합당한 보상을 받으리라 생각하며 동기 부여가 될 수도 있지만, 반복적으로 제대로 된 대우를 받지 못하는 경우 오히려 실망감이 커지고 의욕이 떨어질 수 있다. 승진이 누락된다거나 성과급이 없는 등 기대와 보상 간에 괴리가 있는 상황에서 명확한 원인을 찾기 어려운 경우, 공정한 세상 믿음에 기초하여 해당 결과를 모두 자신의 탓으로 받아들일 가능성이 높다. 이런 사고가 지나친 경우 나는 이런 결과를 마땅히 받아야 하는 사람이라는 결론에 이르러 무기력함을 느낄 수 있기 때문에 회사 생활이 더 괴로워질 수 있다. 심한 경우 세상이 공정하다는 믿음이 흔들려 조직 자체를 불신하게 될 가능성도 있다.

나 역시 만족스럽지 못한 결과를 얻었을 때 자연스럽게 '내가 그럴 만했으니까 일이 이렇게 됐겠지'라며 스스로를 탓하곤 한다. 이럴 때는 늘 생각을 잠시 멈추고 진짜 원인을 찾아보려고 애쓴다. 찾아낸 원인이 나와 별 관련이 없다면 과감하게 자책을 멈추고 넘어간다. 만약 정말로 나의 잘못이라면 담담히 받아들이고 실수를 반복하지 않기 위해 노력하면 된다. 이미 엎질러진 물인데 계속 자책해 봐야 문제 해결에 아무런 도움이 되지 않는다. 다들 알다시피 세상일에는 너무나도 다양한 이유가 있고, 심지어 우연히 일어나기도 하기 때문에 무조건 내 탓인 일은 잘 없다. 모든 일에 그러면 안 되겠지만, 가끔은 '이건 정말 어쩔 수 없었다!'라고 생각하며 그냥 넘어가는 태도도 중요하다.

혼자 모든 일을 감당하려고 하면 안 되는 이유

통제의 환상

회사 근처 식당가에서 점심 식사를 하고 돌아오는 길에는 복권방이 하나 있다. 이 복권방은 계좌 이체도 가능하고, 로또 천 원어치를 사더라도 정성스럽게 비닐에 포장하여 행운을 빌어 주는 사장님이 계셔서 종종 로또를 구입하곤 한다. 모름지기 직장인들에게 로또란, 당첨되면 퇴사를 할 건지 말 건지, 당첨금은 어떻게 사용할 것인지, '1등에 당첨되면 천만 원만' 등 이야기꽃을 30분 이상 피울 수 있는 중요한 물건이다.

로또를 살 때 보통은 자동 5천 원을 사는데, 가끔은 수동으로 번호를 찍고 싶은 욕망이 샘솟을 때가 있다. 수동으로 찍으나 자동으로 찍으나 당첨 확률이 똑같다는 건 알고 있지만, 그래도 뭔가, 왠지, 그냥, 수동으로 찍는 게 마음이 편하고 기대가 된다. 기계에 모든 걸 맡기기보다 직접 번호를 고르는 게 상황을 통제하고 있는 것 같아 믿음직스럽기도 하다.

우리는 모두 본능적으로 불확실한 상태를 불편해하고 피하고 싶어 하기 때문에, 상황을 통제하려는 경향이 있다. 심리학 연구에서도 사람들은 자신이 더 많은 통제감을 가지고 있다고 느낄 때, 신체적, 정신적으로 더 건강했다.[1] 반대로 통제감이 적다고 느끼는 사람은 불안감이 높았고, 상황을 통제할 수 있는 경우에도 적극적인 행동을 하지 않는 무기력한 모습을 보였다.[2] 즉, 정신적으로 건강한 대부분의 사람들은 가급적 자신 주변의 많은 것들을 통제하려 하고 또 통제할 수 있다고 느낀다.

하지만 잘 생각해 보면, 이 세상에서 우리가 영향력을 행사하고 통제할 수 있는 것들은 극히 일부이다. 일단 나 자신부터 통제가 안 된다. 오늘은 쇼츠나 릴스를 보지 말자고 다짐해도 정신 차려 보면 이미 중독의 늪에 빠져 있고, 퇴근하고 꼭 헬스장에 가야겠다고 마음먹어도 저녁 먹고 소파 위에 있는 자신을 발견한다.

자기 자신부터가 통제가 안 되는데, 다른 사람들을 비롯하여 주변의 많은 상황을 통제하기란 쉽지 않다. 사람들은 모두 자기만의 의지를 가지고 생각하고 행동하며, 세상을 둘러보면 나도 모르게 벌어지는 일투성이다. 그럼에도 불구하고 사람들은 자신 주변의 많은 것들을 제어할 수 있다고 느낀다. 자신이 맡은 모든 업무의 세세한 부분들까지 모두 통제할 수 있다고 믿으며, 같이 일하는 팀원들이 자신의 예상대로 행동할 것이라고 쉽게 생각한다. 심지어 자신이 통제할 수 없는 게 분명한 상황에서도 자신이 통제감을 가지고 있다고 착각한다.

사람들은 실제보다 더 많은 통제감을 가지고 있다고 느끼는데, 이를 통제의 환상Illusion of control이라고 한다. 확률에는 차이가 없음을 이미 알면서도 수동으로 로또 번호를 찍는 게 미묘하게 마음이 편한 이유 역시 통제의 환상 때문이다. 앞서 높은 통제감을 가진 사람들이 정신적으로 건강했던 것처럼, 통제의 환상을 가지고 있는 사람 역시 그렇다.[3] 통제감을 가지고 있다고 느껴야 좌절하지 않고, 언젠가는 내가 생각한 대로 된다는 희망으로 계속해서 도전할 수 있기 때문이다. 그런데 과연 높은 통제감이 꼭 좋기만 할까?

스트레스 상황에 놓였을 때, 통제에 대한 강한 믿음은 오히려 부정적인 역할을 할 수 있다. 세상을 통제 가능하고 예측 가능하다고 보는 사람들은 자신이 통제할 수 없는 사건을 만났을 때 그렇지 않은 사람들보다 더 취약할 가능성이 높다. 배우자와 사별한 사람들을 대상으로 한 연구에서, 통제감이 높은 사람들이 그렇지 않은 사람들에 비해 사별에 효과적으로 대처하기 어려워했다.[4] 사별까지는 아니지만, 직장 맥락에서 중요한 업무가 자신의 의도대로 되지 않거나 예상하지 못한 결과가 나타나는 경우에 통제감이 높은 사람들은 더 많은 스트레스를 받을 가능성이 높다.

직장에서 스트레스를 받는 상황 중에는 자신에게 통제권이 없을 때인 경우가 많다. 의도치 않은 사소한 업무 실수는 예삿일이고, 야심 차게 하려던 일을 상사가 직급으로 찍어 눌러서 못하게 한다거나, 열심히 준비한 기획안이 알 수 없는 어른들의 사정으로 이면지가 되어 버리는 상황이 있다. 하지만 내가 통제할 수 있는 건 극히 일부라는 사실을 떠올려 보면 대부분은 그냥 흘려보내야 하는 사안들이다. 자신이 바꿀 수 없는 것까지 개입하려고 아등바등할 필요는 없다. 미련을 버리기 위해서는 자신이 모든 것을 통제할 수 있다는 환상에서 빠져나와, 내가 할 수 있는 일과 할 수 없는 일을 잘 분류해야 한다. 그리고 할 수 있는 일에만 집중하고, 할 수 없는 일은 잘못되더라도 책임감을 조금 내려놓고 가급적 머릿속에서 지우자.

반대편의 시각에서 생각해 보면, 다른 사람을 상대할 때도 상대방이 모든 것을 통제할 수 있다고 믿어선 안 된다. 고객센터 상담원이나 민원 담당자에게 전화를 걸어 당장 해결해 달라고 노발대발 성질을 부리는 사람이 종종 있는데, 상담원의 권한에는 한계가 있고 고객의 모든 문제를 완벽하고 신속하게 해결해 줄 수 없다. 회사에서도 마찬가지로 담당자가 권한이 없어서 해결해 줄 수 없거나, 잘 살펴보면 어쩔 수 없는 이유로 하지 못하는 일이 있다. 그런데 '아니 이것도 못 하나?'라는 생각에 답답해하거나, 공격적으로 대응하는 사람들이 심심치 않게 보인다. 상대방이 손쓸 수 없는 문제를 물고 늘어진다고 해서 일이 해결되는 것도 아니고, 서로 감정만 상할 뿐이다. 갈등은 자신의 정신건강에도 좋지 않으니 지금 화가 난 원인이 나 또는 상대방이 통제할 수 있는 부분인지 먼저 생각해 보자.

멘토링 프로그램 인기 폭발!

받은메일함 23
제 목
[멘토링 신청] 10월 21일 상담 신청합니다!
[상담 신청] ○○팀 이재영입니다.
[상담 신청] 문의드립니다.
[멘토링 신청] 3회차 일정 관련
[멘토링 관련] 비대면 상담 문의
[멘토링 신청] 감사합니다, 실장님!
[상담 신청] 10월 13일 신청합니다!

높은 연봉 vs 가족과의 시간, 무엇을 택하는 게 좋을까?

물질주의

초등학생을 대상으로 하는 교육을 진행하러 학교에 갔던 적이 있다. 교육 활동 중에 자신이 인생에서 가장 중요하게 생각하는 것을 말해 보는 시간이 있었는데, 적지 않은 수의 아이들이 '돈'을 외쳤다. 돈이 우리 삶에서 중요하다는 것은 두말하면 잔소리이지만, 인생에서 가장 중요하게 생각하는 게 돈이라는 응답이 생각보다 많이 나오는 것을 보고 상당히 충격을 받았다.

10대 청소년 783명을 대상으로 한 설문 조사 결과에 따르면, 조사 대상의 거의 절반에 해당하는 46퍼센트의 학생들이 명품을 소비한 적이 있다고 응답했다.[1] 통계청의 2023년 사회 조사 결과에서는 우리나라 13~19세 청소년들은 직업을 선택할 때 고려하는 사항으로 수입(35.7퍼센트)을 가장 많이 꼽았다.[2] 이렇게 어릴 때부터 우리의 인식 속에서 돈은 점점 더 중요한 가치로 부상하고 있다.

물론 자본주의 사회에서 돈은 세상의 중심이고 당장 먹고사는 데 돈이 반드시 필요하기 때문에, 돈이 우리 삶에서 중요한 위치를 차지하는 현실은 그리 이상하지도 않고, 비난받아야 할 것도 아니다. 하지만 돈이 삶의 최우선 가치가 되어 버리는 것이 과연 우리 삶에 좋은 영향을 끼칠까? 심리학에서는 개인이 추구하는 가치에 따라 사람들의 행동이 어떻게 바뀌는지, 추구하는 가치가 삶의 만족감, 의사 결정 등 심리적인 요소들에 어떤 영향을 미치는지 연구가 많이 진행되어 왔다. 수많은 연구 결과들이 공통적으로 지적하는 부분은 돈, 물질 등의 가치를 지나치게 좇으면 우리 삶에 이롭지 않다는 점이다.

돈과 같은 물질적인 가치를 성공과 행복의 기준으로 생각하는 가치관을 물질주의Materialism라고 하는데, 물질주의를 삶의 가치관으로 가지고 있는 사람들은 보다 얕은 인간관계를 맺고, 반사회적인 행동을 할 가능성이 높으며, 탐욕적인 모습을 보이고, 삶의 만족도도 낮다는 사실이 밝혀졌다.[3] 돈이 무조건 나쁘다는 말을 하고자 하는 것은 아니다. 나 역시 돈이 많았으면 좋겠다고 항상 생각한다. 돈이 많으면 삶의 많은 부분들이 편해지고 여러모로 좋은 게 명백한 사실이니까 말이다. 하지만 돈을 '지나치게' 추구하고, 삶에서 '최고'의 가치로 삼는 것은 우리 삶에 부정적인 영향을 줄 수 있다는 것이다.

세상에는 돈 외에도 외모, 인기, 명예, 성장, 관계, 삶의 안정감 등 추구할 수 있는 다양한 가치들이 존재한다. 심리학자들은 자기 성장, 신체적 건강, 친밀한 관계 등 인간의 기본적이고 선천적인 가치로 여겨지는 것들을 내재적인 가치로 분류했고, 돈, 외모, 인기 등 인간의 기본적인 욕구와 무관하며 외부의 개입이 필요한 가치들을 외재적인 가치로 분류했다. 내재적인 가치는 보통 우리들이 흔히 좋다고 생각하는 가치들이고, 외재적인 가치는 부정적인 느낌을 주는 가치들이다. 하지만 연구 결과에 따르면, 돈과 같은 외재적인 가치든 자기 자신의 성장 같은 내재적인 가치든 무언가를 추구하고 성취하는 행위는 삶에 좋은 영향을 준다. 어떤 가치든 그것을 추구하고 성취한다는 것은 개인에게 좋은 경험이기 때문이다. 하지만 돈을 친밀한 관계보다 더 추구한다거나 외모를 신체적 건

강보다 더 추구하는 등 내재적인 가치를 희생해 가며 외재적인 가치를 추구하는 경우는 이야기가 다르다. 외재적인 가치를 내재적인 가치보다 더 추구하는 사람들의 삶의 만족도는 그렇지 않은 사람들보다 낮았고, 우울감과 같은 부정적인 감정은 더 높은 모습을 보였다.[4] 상대적으로 어떤 종류의 가치를 더 추구하는지가 행복한 삶에 큰 영향을 미치는 것이다.

이런 경향성은 돈을 벌기 위한 목적으로 다니는 직장에서도 동일하게 나타났다. 벨기에에서 이루어진 한 연구에서는 직장인들을 대상으로 직장 내에서의 가치 추구와 관련한 설문 조사를 진행하였다. 응답을 분석한 결과, 직장 내에서의 금전적 성공, 권력과 같은 가치를 자기계발, 회사에 대한 기여 같은 가치보다 더 많이 추구하는 사람들은 다양한 방면에서 부정적인 모습을 보였다.[5] 이들은 직장에서 더 쉽게 공허함을 느끼고, 무기력해졌으며, 직무 만족도 및 직무 헌신도 역시 낮았다. 또한 업무에서 목표를 달성했을 때의 만족감도 일시적이었고 이직 의도도 더 높았으며 삶의 만족도도 낮았고 일과 가정 사이의 갈등도 더 빈번하게 경험했다.

삶은 선택의 연속이다. 내일 점심에는 한식을 먹을지 중식을 먹을지 선택해야 하고, 이번 주말에는 게임을 할지 가족과 시간을 보낼지 선택해야 한다. 어떤 선택을 하는지에 따라 우리에게 좋은 결과를 가져올 수도 그렇지 않은 결과를 가져올 수도 있다. 그렇다면, 우리는 삶의 다양한 순간에서 어떤 선택을 해야 행복해질 수 있을까? 앞서 살펴본 심리학의 가치 연구들에 따르면, 더 많은 돈을 위해 가족이나 친구, 연인과의 시간을 포기하는 것은 좋은 선택이 아니다. 물론 기본적인 생계유지나 안정적인 삶을 위해 더 많은 돈을 벌어야 하는 경우도 있지만, 지금은 이런 경우를 말하고자 하는 게 아니다. 이미 기본적인 삶을 영위할 수 있고, 넉넉한 수준의 소득이 있음에도 불구하고 친밀한 관계를 포기하면서까지 더 많은 돈을 추구하면 오히려 불행할 수도 있다는 사실을 수많은 연구 결과가 경고하고 있다. 거액의 복권에 당첨되었음에도 더 많은 돈을 위해 무분별한 투자를 일삼거나, 가족 또는 친지와의 갈등을 겪다가 결국 파국에 이르는 일화를 우리는 흔히 접한다.

더 많은 연봉을 위해 가족들과의 시간을 포기한다거나, 승진을 위해 다른 사람들과의 관계를 저버린다거나, 완벽한 외모를 위해 건강상 부작용을 감수하고 성형 수술을 하는 등의 행동은 모두 내재적인 가치를 희생하여 외재적인 가치를 추구하는 상황이다. 삶의 다양한 결정의 순간에서 주어진 선택지들을 잘 분류해 보면 외재적 가치와 내재적 가치로 나누어 볼 수 있고, 두 가지 가치 중 한 가지 가치를 희생해야 하는 경우가 있을 수도 있다. 내재적인 가치와 외재적인 가치 사이에서 어떤 것을 선택해야 할지 고민이 될 때는 과감히 내재적인 가치를 선택해 보는 것을 추천한다. 정말로 꼭 필요한 상황이 아니라면, 내재적인 가치를 희생하면서까지 외재적인 가치를 추구하지 말라는 것이 심리학이 제시하는 해답 중 하나이다.

연봉 대신에 가족을 택한 최 실장!

실패를 발판 삼아 성장하는 사람들의 원칙

암묵 이론

고등학교 3학년, 대학 수학 능력 시험을 보기 2주 전에 감기에 걸렸다. 감기는 보통 일주일이면 나았기 때문에 약을 먹어 가며 열심히 공부했지만, 야속하게도 수능날에 임박해 감기가 기관지염으로 진화해 버렸다. 긴장을 해서 그런지 시험을 보는 와중에는 아픈 줄 몰랐지만, 한 달 뒤 성적표에는 한 번도 받아 보지 못한 성적이 찍혀 있었다. 부모님께서는 아파서 시험을 못 본 거, 기왕이면 재수를 해서 성적을 더 올려 보자고 하셨다. 하지만 나는 나름 최선을 다했는데 여기서 공부를 1년 더 한다고 해서 결과가 달라지지 않을 것이라 생각해 제안을 강하게 거부했다. 결국에는 부모님의 끈질긴 설득을 통해 재수를 하게 되었고, 고3 때보다 더 좋은 결과를 얻을 수 있었다. 부모님은 처참한 성적표를 보고 공부를 더 하면 성적이 오를 것이라고 믿었고, 나는 성적이 오르지 않을 것이라고 믿었다.

여러분은 실패를 마주했을 때 어떻게 반응하는가? '나는 이 정도밖에 되지 않는구나'라고 생각하며 다시 도전하기를 꺼리는가, 아니면 맑은 눈의 광인이 되어 '이거 재밌는데? 한 번 더 해 보자!' 하면서 다시 도전하는가? 사람들은 모두 각자의 마음속에 특정한 영역의 변화 가능성에 대한 암묵적인 신념을 가지고 있는데, 이를 암묵 이론Implicit theory이라고 한다. 가지고 있는 암묵 이론의 종류에 따라 사람들을 변화 가능성을 믿는 가변론자Incremental theorist, 변화 가능성이 없다고 믿는 불변론자Entity theorist로 분류할 수 있다.

암묵 이론의 대표적인 연구자는 심리학자 캐롤 드웩$^{Carol\ S.}$ ^{Dweck}으로, 가장 많이 연구한 부분은 지능에 대한 암묵 이론이지만, 성격, 도덕성, 사회 등 다양한 영역에서도 연구를 진행했다. 지능이나 성격이 변할 수 있다고 믿는지 아닌지가 도대체 뭐가 그렇게 중요한 것인지 궁금할 수 있다.

암묵 이론이 중요한 이유는 각자가 가지고 있는 암묵 이론의 종류에 따라 결과를 해석하고 대응하는 방식, 삶의 태도에 차이가 발생하기 때문이다. 예를 들어, 자신의 지능이 변하지 않는다고 믿는 사람들은 고정된 지능을 기준으로 결과를 해석하기 때문에, 실패를 마주했을 때 '내가 멍청해서 실패했다'라고 생각한다. 반면에 지능이 변할 수 있다고 믿는 사람들은 다양한 원인을 고려하며 더 발전적인 생각을 한다. '내가 실패한 이유는 노력이 부족했고 방법이 틀렸기 때문이다'라고 말이다. 이런 해석의 결과로 불변론자는 실패에 좌절하고 무력해지지만, 가변론자는 추가적인 노력을 기울이고 오히려 더 동기 부여가 되기도 한다.[1]

한쪽은 좌절하며 무기력함을 느끼고, 한쪽은 동기 부여가 되어 노력한다면 당연히 후자가 향후 더 좋은 성과를 얻고, 심리적으로 건강할 것이라고 예상해 볼 수 있다. 실제로 학생들을 대상으로 한 연구에서, 지능이 변할 수 있다고 믿는 학생들은 그렇지 않은 학생들보다 더 행복했으며 학업 성취도 역시 높았다.[2] 직장에서 이루어진 연구에서도 자기 자신의 모습과 직무의 형태 및 내용이 변화할 수 있다고 믿는 경우 직장에서의 행복도가 높았다.[3] 연구자들은 실제 회사에 다니고 있는 직장인들을 대상으로 자기 자신과 직무가 변화할 수 있다는 내용의 워크숍을 진행했다. 관련 내용을 지지하는 연구 결과들을 제시했고, 과거부터 지금까지 자기 자신과 직무가 어떻게 변화했는지 적어 보게 하는 등 다양한 과제도 수행했다. 연구 결과, 워크숍을 수강한 직장인들은 가변론자로 암묵 이론이 변화했으며, 직장에서의 행복도도 높아졌는데, 이는 6개월 뒤까지도 지속됐다.

연구 결과들을 살펴보면, 직장 생활을 할 때 자기 자신을 비롯하여, 능력, 직무 등 다양한 영역의 변화 가능성을 믿는 것은 꽤 중요하다. 앞으로도 매일 같은 방식으로 같은 일만 할 것이고, 자신의 모습이 시간이 지나도 그대로일 것이라고 믿는다면 새로운 일에 도전하기도 어렵고, 역경이 닥쳤을 때 무기력하게 포기해 버릴 가능성이 높다. 이미 변화 가능성을 믿고 있는 가변론자 독자들이라면 하던 대로 해야겠다고 다짐하겠지만, 그렇지 않은 불변론자 독자들은 이제 슬슬 미래가 걱정될 것이다. 하지만 한 가지 다행인 점은 암묵 이론은 고정되어 있지 않고 바뀔 수 있다는 사실이다.

앞선 직장인 대상 연구에서 워크숍을 통해 가변론자의 암묵 이론을 습득한 것처럼 학습과 연습을 통해 암묵 이론을 변화시킬 수 있다. 그 첫걸음은 변화 가능성을 믿는 사고방식이 삶에 도움이 된다는 사실 자체를 인지하는 것이다. 지금 우리는 해당 내용을 읽었기 때문에 걸음마는 뗐다고 봐도 좋다. 추가적인 연구 결과가 필요하면 캐롤 드웩의 유명한 저서《마인드셋》등 암묵 이론 관련 저서

들을 읽어 보면 도움이 될 것이다.

그다음은 마음가짐을 바꾸려고 노력하는 단계이다. 자신이 아직 불완전하다는 점을 인정하고 항상 성장하려는 마음을 갖자. 어려운 상황이 닥쳤을 때 쉽게 포기하거나, 바꿀 수 없는 최종 결과로 인식해서는 안 된다. 실패를 결과가 아니라 성장을 위한 과정이라고 생각하자. 약간 '노오력'을 외치는 꼰대같이 느껴져서 의심스러울 수 있지만, 실제로 삶에 도움이 된다는 수많은 연구들이 존재한다는 사실을 상기하며 일단 실천해 보자. 하루아침에 오랫동안 유지해 온 사고방식이 변할 수는 없다. 하지만 이젠 바꿀 수 없으니 포기하자는 생각을 하고 있지는 않은지 지속적으로 확인하고, 주변의 많은 것들의 변화 가능성을 꾸준히 믿는다면 결국에는 목적을 이룰 수 있을 것이다.

행복을 가져오는 직장 생활의 비밀

자기 결정성 이론

6장 내 마음을 잃지 않고 재미있게 일하려면?

직장인의 고민은 크게 세 가지 유형으로 나누어 볼 수 있는 듯하다. 첫 번째는 조직 문화나 일하는 방식이 답답하다는 유형이다. '시키는 일만 해야 하니까 답답하다', '조직이 보수적이어서 새로운 걸 하기 쉽지 않다' 등의 말로 흔히 표출된다. 두 번째는 맡은 업무가 커리어나 성장에 도움이 되지 않는 것 같아 불안해하는 유형이다. '고여 있는 것 같고 발전이 별로 없는 것 같다', '늘 같은 일만 하다 보니 몸은 편한데 배우는 게 없다' 같은 고민이 대표적이다. 마지막 세 번째는 직장 내 인간관계 관련 유형이다. '부장이 나를 자꾸 갈구는데 어떻게 해야 할지 모르겠다', '팀원들이 나만 빼고 다 친한 것 같은데 좀 섭섭하다' 등 인간관계 유형은 다 적기 힘들 정도로 다양하다. 왜 연봉 관련 유형은 없는지 의문이겠지만, 너무나도 중요한 0순위이기 때문에 따로 분류하지 않았다.

앞서 말했던 고민의 유형들은 일을 하는 데 보장되는 자율성, 일을 하면서 이루어지는 능력의 향상, 함께 일하는 사람들과 좋은 관계로 다시 정리해 볼 수 있다. 대부분의 고민들이 세 가지 유형에 속한다는 사실을 생각해 봤을 때, 이들이 해결되면 만족스러운 직장 생활을 할 수 있지 않을까 추측해 볼 수 있다.

사실 이 세 가지 고민 유형은 심리학의 자기 결정성 이론Self-determination theory에서 말하는 인간의 기본적인 심리적 욕구를 토대로 분류해 본 것이다. 끼워 맞췄다고 생각하는 독자도 있겠지만, 지금 가지고 있는 직장 생활 고민은 아마도 저 세 가지 유형 중 하나이거나 두 개 이상의 유형이 복합적으로 얽혀 있을 가능성이 높다. 자기 결정성 이론에서는 자율성Autonomy, 유능성Competence, 관계성Relatedness을 인간이 보편적으로 가지고 있는 기본적인 심리 욕구라고 본다. 사람들은 이 세 가지 욕구를 추구하며, 이들이 충족될 때 동기 부여가 되고 심리적으로 만족감을 느끼며 행복한 삶을 살 수 있다고 본다.[1]

자기 결정성 이론은 심리학자 에드워드 데시Edward L. Deci와 리처드 라이언Richard M. Ryan이 정립하였는데, 인간의 동기Motivation 전반을 다루는 꽤 포괄적인 이론이다. 데시와 라이언이 꼽은 기본적인 세 가지 인간의 심리적 욕구는 이 방대한 이론의 일부인데 한번 간단히 살펴보자.

자율성은 자기 자신의 의지에 따라 행동하려는 욕구를 뜻하며, 유능성은 자신의 능력을 발달시키고자 하는 욕구이다. 관계성은 주변의 사람들과 조화롭게 어울리고자 하는 욕구이다. 자기 결정성 이론은 1980년대 처음 제시된 이후로, 학습 및 교육, 스포츠, 자녀 양육, 의료 및 심리 치료, 직장 등 다양한 분야에서 연구되었고, 각 분야에 모두 성공적으로 적용되어 긍정적인 영향을 미쳤다.

자기 결정성 이론 관련 연구에 따르면, 인간의 세 가지 기본적 심리 욕구 각각은 행복과 관련이 있는데, 기본적 욕구가 만족스럽게 충족될수록 사람들은 신체적으로나 정신적으로 더 건강했고 행복감을 느꼈다.[2] 사람들에게 14일 동안 일기를 쓰고 그날의 감정을 기록하게 한 뒤 해당 내용을 분석했을 때, 자율성, 유능성, 관계성이 많이 충족된 날에 사람들은 더 많은 긍정적인 감정을 보고했다.[3]

일상뿐만 아니라 노르웨이에서 진행된 직장 관련 연구에서도 직장에서 직원들의 기본적 심리 욕구가 더 많이 충족될수록 업무에서 즐거움을 더 많이 느끼고, 외부 요인에 의해 행동이 좌지우지되지 않는다는 사실이 밝혀졌다.[4]

즉, 직장을 다니며 스트레스를 줄이고 삶의 만족도를 높일 수 있는 가장 확실한 방법은 자율성, 유능성, 관계성이 보장되는 직장에 다니는 것이다. 하지만 이런 이상적인 직장을 찾기란 매우 어렵다. 기본적으로 회사는 돈을 벌기 위해 다니는 경우가 대부분이기에 큰 틀에서 자율성은 포기한다고 봐도 무방하다. 유능성의 경우도 자신이 원하고 즐거워하는 분야의 일을 해야 어느 정도 충족될 수 있는데, 딱 맞는 직장을 찾기도 쉽지 않고 실제 입사해서 어떤 일을 하게 될지도 미지수다. 마지막으로, 인복은 사실상 하늘에 맡겨야 하는 부분이라 관계성 역시 충족하기 까다롭다.

이처럼 기본적 심리 욕구 세 가지를 모두 충족시킬 수 있는 조건을 이미 갖추고 있는 회사를 찾는 건 현실적으로 불가능하기 때문에, 주어진 조건 속에서 스스로 기본적인 심리적 욕구를 충족할 수 있게 환경을 조성하려는 노력이 필요하다. 우선, 업무에 적극적으로 의견을 개진하여 최대한 많은 권한을 확보하면 좋다. 소극적이고 수동적으로 업무에 개입하면, 다른 사람에게 업무의 키를 넘기게 되고 자율성을 충족하기 어려워진다. 많은 권한을 가지고 업무를 수행하다 보면 더 책임감을 갖고, 능동적으로 행동하게 되고, 자연스럽게 업무 능력 또한 향상될 수 있다. 다음으로, 자신이 하고 있는 일이 다른 사람의 업무와 어떻게 관련되어 있고, 어떤 영향을 주는지 이해하면 좋다. 이 과정을 통해 자신이 다른 직원들과 얼마나 긴밀하게 연결되어 있는지 느낄 수 있고, 이해를 바탕으로 다른 직원들과 도움을 주고받을 수도 있다. 이미 직장 생활에 염증을 느끼고 있는데, 주도적으로 업무를 한다거나 이해관계를 파악하는 게 가능하냐고 물을 수 있다. 하지만 수동적으로 시키는 업무만 하다 보면 기분만 더 우울해지고, 커리어에도 도움이 되지 않는다는 사실은 모두 겪어 봐서 알고 있다. 만족스러운 직장 생활을 위해서든 이직을 위해서든 일단 시작부터 해 보자.

물론 개인의 노력은 한계가 분명하기 때문에, 자기 결정성 이론에 기반하여 사내 환경을 조성하려는 조직 차원의 노력도 중요하다. 중간 관리자들이 실무자들의 입장을 이해하고, 그들의 의견을 수용하는 문화는 직원들이 자신의 자율성을 더 높게 인식하도록 만들 수 있다. 또한 모든 것을 통제하려고 하지 않고, 직원들에게 권한과 책임을 더 부여하는 것도 도움이 된다. 실제로 위와 같이 직원들의 자율성을 높여 주는 방식으로 직장 조직 문화를 수정하였을 때, 직원들은 더 큰 직무 만족도를 나타냈고, 경영진에 대한 신뢰 또한 높아지는 모습을 보였다.[5]

자기 결정성 이론은 심리학에서 내가 제일 좋아하는 이론이며, 실제로 삶을 살아가는 데 행동의 지침으로 삼고 있다. 대학원 시절 지도 교수님이 좋아하시던 이론이었기 때문에, 어떻게든 이론의 허점을 찾아보려고 토론 시간에 이리저리 궁리하여 공격했지만 실패했던 기억이 있다. 자기 결정성 이론을 알고 난 이후로 세 가지 기본적 심리 욕구를 기반으로 행동하고 결정을 내렸을 때 아직까지는 후회한 적이 없는 것으로 보아 꽤 믿을 만한 이론인 것 같다. 직장 생활이나 일상에서 자율성, 유능성, 관계성을 충족할 수 있는 기회가 오거나, 다른 욕구들 사이에서 선택을 해야 할 상황이 온다면 과감히 자기 결정성 이론에 따라 행동해 볼 것을 추천한다.

에필로그.

1장 괜찮은 사람으로 기억되고 싶다면?

합격 확률을 높이는 면접 복장?
1) Taylor, S. E., & Fiske, S. T. (1975). Point of view and perceptions of causality. Journal of Personality and Social Psychology, 32(3), 439-445.
2) Thornton, G. R. (1943). The effect upon judgments of personality traits of varying a single factor in a photograph. The Journal of Social Psychology, 18(1), 127-148.

면접에서 가장 중요한 건 자기소개?
1) Willis, J., & Todorov, A. (2006). First impressions: Making up your mind after a 100-ms exposure to a face. Psychological science, 17(7), 592-598.
2) Asch, S. E. (1946). Forming impressions of personality. The Journal of Abnormal and Social Psychology, 41(3), 258-290.

동료와 친해지고 싶을 때 해야 할 일
1) Byrne, D., & Nelson, D. (1965). Attraction as a linear function of proportion of positive reinforcements. Journal of Personality and Social Psychology, 1(6), 659-663.
2) Orpen, C. (1984). Attitude similarity, attraction, and decision-making in the employment interview. The Journal of Psychology, 117(1), 111-120.
3) Montoya, R. M., Horton, R. S., & Kirchner, J. (2008). Is actual similarity necessary for attraction? A meta-analysis of actual and perceived similarity. Journal of Social and Personal Relationships, 25(6), 889-922.
4) DeBruine, L. M. (2004). Facial resemblance increases the attractiveness of same-sex faces more than other-sex faces. Proceedings of the Royal Society of London. Series B: Biological Sciences, 271(1552), 2085-2090.

신입 사원은 정말 인사만 잘하면 될까?
1) Moreland, R. L., & Beach, S. R. (1992). Exposure effects in the classroom: The development of affinity among students. Journal of Experimental Social Psychology, 28(3), 255-276.
2) Zajonc, R. B. (1968). Attitudinal effects of mere exposure. Journal of Personality and Social Psychology, 9(2p2), 1-27.

회사에서 사적인 이야기를 할 때 일어나는 일
1) Lee, P. W. (2006). Bridging cultures: Understanding the construction of relational identity

in intercultural friendship. Journal of Intercultural Communication Research, 35(1), 3-22.
2) Voncken, M. J., & Dijk, K. F. L. (2013). Socially anxious individuals get a second chance after being disliked at first sight: The role of self-disclosure in the development of likeability in sequential social contact. Cognitive Therapy and Research, 37, 7-17.
3) Waldron, V. R. (1991). Achieving communication goals in superior-subordinate relationships: The multi-functionality of upward maintenance tactics. Communications Monographs, 58(3), 289-306.

실패할 것 같을 때 밑밥을 깔면 안 되는 이유

1) Berglas, S., & Jones, E. E. (1978). Drug choice as a self-handicapping strategy in response to noncontingent success. Journal of Personality and Social Psychology, 36(4), 405-417.
2) Park, S. W., & Brown, C. M. (2014). Different perceptions of self-handicapping across college and work contexts. Journal of Applied Social Psychology, 44(2), 124-132.

이유 없이 호감이 가지 않는 사람이 있다면?

1) Rosenthal, R., & Jacobson, L. (1968). Pygmalion in the classroom: Teachers' expectation and pupils' intellectual development. New York, NY: Holt, Rinehart & Winston.
2) Wurm, S., Warner, L. M., Ziegelmann, J. P., Wolff, J. K., & Schuz, B. (2013). How do negative self-perceptions of aging become a self-fulfilling prophecy?. Psychology and Aging, 28(4), 1088-1097.

2장 내가 원하는 것을 상대도 원하게 하고 싶다면?

무언가를 부탁하기 전에 먼저 해야 하는 일

1) Burger, J. M., Horita, M., Kinoshita, L., Roberts, K., & Vera, C. (1997). Effects on time on the norm of reciprocity. Basic and Applied Social Psychology, 19(1), 91-100.

상대방은 나의 칭찬을 진심으로 받아들일까?

1) Boothby, E. J., & Bohns, V. K. (2021). Why a simple act of kindness is not as simple as it seems: Underestimating the positive impact of our compliments on others. Personality and Social Psychology Bulletin, 47(5), 826-840.
2) Raghunathan, R., & Trope, Y. (2002). Walking the tightrope between feeling good and being accurate: Mood as a resource in processing persuasive messages. Journal of Personality and Social Psychology, 83(3), 510-525.

어려운 부탁, 어떻게 쉽게 요청할까?

1) Freedman, J. L., & Fraser, S. C. (1966). Compliance without pressure: the foot-in-the-

door technique. Journal of personality and Social Psychology, 4(2), 195-202.

불리한 건 아껴 뒀다가 나중에 보여 주자

1) Cialdini, R. B., Cacioppo, J. T., Bassett, R., & Miller, J. A. (1978). Low-ball procedure for producing compliance: commitment then cost. Journal of Personality and Social Psychology, 36(5), 463-476.

원하는 피드백을 이끌어 내는 방법

1) Petty, R. E., & Cacioppo, J. T. (1984). The effects of involvement on responses to argument quantity and quality: Central and peripheral routes to persuasion. Journal of Personality and Social Psychology, 46(1), 69-81.

상대의 동의를 구하는 가장 효과적인 방법

1) Asch, Solomon (1951). Effects of group pressure on the modification and distortion of judgments. In H. S. Guetzkow (Ed.), Groups, leadership and men: Research in human relations (pp. 177-190). Pittsburgh, PA: Carnegie Press.
2) Berns, G. S., Chappelow, J., Zink, C. F., Pagnoni, G., Martin-Skurski, M. E., & Richards, J. (2005). Neurobiological correlates of social conformity and independence during mental rotation. Biological Psychiatry, 58(3), 245-253.
3) Bond, R., & Smith, P. B. (1996). Culture and conformity: A meta-analysis of studies using Asch's (1952b, 1956) line judgment task. Psychological Bulletin, 119(1), 111-137.

3장 일 잘하는 사람은 어떻게 일할까?

매일 야근하는 사람들의 특징?

1) BBuehler, R., Griffin, D., & Ross, M. (1994). Exploring the "planning fallacy": Why people underestimate their task completion times. Journal of Personality and Social Psychology, 67(3), 366-381.
2) Roy, M. M., Christenfeld, N. J., & McKenzie, C. R. (2005). Underestimating the duration of future events: Memory incorrectly used or memory bias?. Psychological Bulletin, 131(5), 738-756.
3) Buehler, R., & Griffin, D. (2015). The planning fallacy: When plans lead to optimistic forecasts. In M. D. Mumford & M. Frese (Eds.), In the psychology of planning in organizations (pp. 31-57). New York, NY: Routledge.
4) Newby-Clark, I. R., Ross, M., Buehler, R., Koehler, D. J., & Griffin, D. (2000). People focus on optimistic scenarios and disregard pessimistic scenarios while predicting task completion times. Journal of Experimental Psychology: Applied, 6(3), 171-182.

어떻게 실수를 줄일 수 있을까?

1) Kahneman, D. (2013). A perspective on judgment and choice: Mapping bounded rationality. American Psychologist, 58(9), 697-720.
2) Tversky, A., & Kahneman, D. (1974). Judgment under uncertainty: Heuristics and biases. Science, 185(4157), 1124-1131.
3) Gigerenzer, G., & Gaissmaier, W. (2011). Heuristic decision making. Annual Review of Psychology, 62, 451-482.

하기 싫은 일을 빠르게 끝내는 법

1) Zeigarnik, B. (1938). On finished and unfinished tasks. In W. D. Ellis (Ed.), A source book of gestalt psychology (pp. 300–314). Kegan Paul, Trench, Trubner & Company.
2) Hammadi, A., & Qureishi, F. K. (2013). Relationship between the Zeigarnik effect and consumer attention in advertisement. World Journal of Social Science, 3(4), 131-143.

술 마시면서 발표 준비를 하면 안 되는 이유

1) Godden, D. R., & Baddeley, A. D. (1975). Context-dependent memory in two natural environments: On land and underwater. British Journal of Psychology, 66(3), 325-331.
2) Cann, A., & Ross, D. A. (1989). Olfactory stimuli as context cues in human memory. The American Journal of Psychology, 102(1) 91-102.
3) Balch, W. R., Bowman, K., & Mohler, L. A. (1992). Music-dependent memory in immediate and delayed word recall. Memory & Cognition, 20, 21-28.

번뜩이는 아이디어는 어떻게 생겨날까?

1) Singh, S. (2017). Fermat's enigma: The epic quest to solve the world's greatest mathematical problem. Anchor.
2) Both, L., Needham, D., & Wood, E. (2004). Examining tasks that facilitate the experience of incubation while problem-solving. Alberta Journal of Educational Research, 50(1), 57-67.
3) Sio, U. N., & Ormerod, T. C. (2009). Does incubation enhance problem solving? A meta-analytic review. Psychological Bulletin, 135(1), 94-120.

왜 다른 사람들은 놀고, 나만 일하는 것 같을까?

1) Kravitz, D. A., & Martin, B. (1986). Ringelmann rediscovered: The original article. Journal of Personality and Social Psychology, 50(5), 936-941.
2) Karau, S. J., & Williams, K. D. (1993). Social loafing: A meta-analytic review and theoretical integration. Journal of Personality and Social Psychology, 65(4), 681-706.
3) Kameda, T., Stasson, M. F., Davis, J. H., Parks, C. D., & Zimmerman, S. K. (1992). Social dilemmas, subgroups, and motivation loss in task-oriented groups: In search of an "optimal" team size in division of work. Social Psychology Quarterly, 55(1), 47-56.

음악을 들으면서 일하면 업무 능률이 오를까?
1) Simons, D. J., & Chabris, C. F. (1999). Gorillas in our midst: Sustained inattentional blindness for dynamic events. Perception, 28(9), 1059-1074.
2) Gonzalez, M. F., & Aiello, J. R. (2019). More than meets the ear: Investigating how music affects cognitive task performance. Journal of Experimental Psychology: Applied, 25(3), 431-444.
3) Rosenbaum, D. A., Fournier, L. R., Levy-Tzedek, S., McBride, D. M., Rosenthal, R., Sauerberger, K., ... & Zentall, T. R. (2019). Sooner rather than later: Precrastination rather than procrastination. Current Directions in Psychological Science, 28(3), 229-233.

목표를 이루는 가장 확실한 방법
1) Deutsch, M., & Gerard, H. B. (1955). A study of normative and informational social influences upon individual judgment. The Journal of Abnormal and Social Psychology, 51(3), 629.
2) Nyer, P. U., & Dellande, S. (2010). Public commitment as a motivator for weight loss. Psychology & Marketing, 27(1), 1-12.
3) Tedeschi, J. T. (2013). Impression management theory and social psychological research. New York, NY: Academic Press.
4) Hollenbeck, J. R., Williams, C. R., & Klein, H. J. (1989). An empirical examination of the antecedents of commitment to difficult goals. Journal of Applied Psychology, 74(1), 18-23.

4장 후회하지 않는 결정을 내리려면?

회의만 하면 결론이 산으로 가는 이유
1) Janis, Irving L. (1972). Victims of groupthink: A psychological study of foreign-policy decisions and fiascoes. Boston: Houghton Mifflin.
2) Hartwig, R. T. (2010). Facilitating problem solving: A case study using the devil's advocacy technique. Group Facilitation: A Research and Applications Journal, 10, 17-31.

불편한 느낌이 드는 정보일수록 더 집중해야 한다?
1) Wason, P. C. (1960). On the failure to eliminate hypotheses in a conceptual task. Quarterly Journal of Experimental Psychology, 12(3), 129-140.
2) Nickerson, R. S. (1998). Confirmation bias: A ubiquitous phenomenon in many guises. Review of General Psychology, 2(2), 175-220.

상대방의 말에 쉽게 휘둘리지 않는 방법
1) McGuire, W. J. (1964). Some contemporary approaches. In Advances in Experimental Social Psychology, 1, 191-229.

2) Bernard, M. M., Maio, G. R., & Olson, J. M. (2003). The vulnerability of values to attack: Inoculation of values and value-relevant attitudes. Personality and Social Psychology Bulletin, 29(1), 63-75.

팔이 안으로 많이 굽으면 나를 공격할 수 있다?

1) Tajfel, H. (1982). Social psychology of intergroup relations. Annual Review of Psychology, 33(1), 1-39.
2) Tajfel, H., Billig, M. G., Bundy, R. P., & Flament, C. (1971). Social categorization and intergroup behaviour. European Journal of Social Psychology, 1(2), 149-178.
3) Gaertner, S. L., Mann, J., Murrell, A., & Dovidio, J. F. (1989). Reducing intergroup bias: The benefits of recategorization. Journal of Personality and Social Psychology, 57(2), 239.

같은 일을 겪고도 왜 사람마다 말이 다를까?

1) Roediger, H. L., & McDermott, K. B. (1995). Creating false memories: Remembering words not presented in lists. Journal of Experimental Psychology: Learning, Memory, and Cognition, 21(4), 803-814.
2) Talarico, J. M., & Rubin, D. C. (2003). Confidence, not consistency, characterizes flashbulb memories. Psychological Science, 14(5), 455-461.

나빴던 기억을 떨쳐 내기 어려운 이유

1) Baumeister, R. F., Bratslavsky, E., Finkenauer, C., & Vohs, K. D. (2001). Bad is stronger than good. Review of General Psychology, 5(4), 323-370.
2) Rozin, P., & Royzman, E. B. (2001). Negativity bias, negativity dominance, and contagion. Personality and Social Psychology Review, 5(4), 296-320.
3) Ferrara, E., & Yang, Z. (2015). Quantifying the effect of sentiment on information diffusion in social media. PeerJ Computer Science, 1, e26.

그런데 가끔은 조금 부정적으로 생각해 보자

1) Weinstein, N. D. (1980). Unrealistic optimism about future life events. Journal of Personality and Social Psychology, 39(5), 806-820.
2) Alloy, L. B., & Abramson, L. Y. (1979). Judgment of contingency in depressed and nondepressed students: Sadder but wiser?. Journal of Experimental Psychology: General, 108(4), 441-485
3) Feather, N. T. (1968). Change in confidence following success or failure as a predictor of subsequent performance. Journal of Personality and Social Psychology, 9(1), 38-46.
4) Weinstein, N. D., Marcus, S. E., & Moser, R. P. (2005). Smokers' unrealistic optimism about their risk. Tobacco Control, 14(1), 55-59.
5) Helweg-Larsen, M., & Shepperd, J. A. (2001). Do moderators of the optimistic bias affect personal or target risk estimates? A review of the literature. Personality and Social Psychology Review, 5(1), 74-95.

5장 답답한 꼰대 대신 같이 일하고 싶은 선배가 되려면?

부장님이 그렇게 '라떼'를 찾는 이유

1) Rubin, D. C., & Schulkind, M. D. (1997). The distribution of autobiographical memories across the lifespan. Memory & Cognition, 25, 859-866.
2) Fitzgerald, J. M. (1988). Vivid memories and the reminiscence phenomenon: The role of a self narrative. Human Development, 31(5), 261-273.
3) Rubin, D. C., Rahhal, T. A., & Poon, L. W. (1998). Things learned in early adulthood are remembered best. Memory & Cognition, 26, 3-19.

실패했을 때 담당자 탓만 하는 상사의 심리?

1) Jones, E. E., & Harris, V. A. (1967). The attribution of attitudes. Journal of Experimental Social Psychology, 3(1), 1-24.
2) Gilbert, D. T., & Malone, P. S. (1995). The correspondence bias. Psychological Bulletin, 117(1), 21-38.

일이 끝나고 "그럴 줄 알았다!"라고 말하지 말자

1) Fischhoff, B., & Beyth, R. (1975). I knew it would happen: Remembered probabilities of once-future things. Organizational Behavior and Human Performance, 13(1), 1-16.
2) Roese, N. J., & Vohs, K. D. (2012). Hindsight bias. Perspectives on Psychological Science, 7(5), 411-426.
3) Pohl, R. F., & Hell, W. (1996). No reduction in hindsight bias after complete information and repeated testing. Organizational Behavior and Human Decision Processes, 67(1), 49-58.

다른 사람도 나처럼 생각할 것이라는 착각

1) Ross, L., Greene, D., & House, P. (1977). The "false consensus effect": An egocentric bias in social perception and attribution processes. Journal of Experimental Social Psychology, 13(3), 279-301.
2) Marks, G., & Miller, N. (1987). Ten years of research on the false-consensus effect: An empirical and theoretical review. Psychological Bulletin, 102(1), 72-90.

후배는 당연한 걸 왜 자꾸 물어볼까?

1) Camerer, C., Loewenstein, G., & Weber, M. (1989). The curse of knowledge in economic settings: An experimental analysis. Journal of Political Economy, 97(5), 1232-1254.
2) Newton, E. L. (1990). The rocky road from actions to intentions. (Doctoral dissertation, Stanford University).

내가 제일 잘 알고 있다는 착각

1) Davis, D. E., Rice, K., McElroy, S., DeBlaere, C., Choe, E., Van Tongeren, D. R., & Hook, J.

N. (2016). Distinguishing intellectual humility and general humility. The Journal of Positive Psychology, 11(3), 215-224.
2) Porter, T., Elnakouri, A., Meyers, E. A., Shibayama, T., Jayawickreme, E., & Grossmann, I. (2022). Predictors and consequences of intellectual humility. Nature Reviews Psychology, 1(9), 524-536.
3) Krumrei-Mancuso, E. J., & Rowatt, W. C. (2023). Humility in novice leaders: links to servant leadership and followers' satisfaction with leadership. The Journal of Positive Psychology, 18(1), 154-166.

같이 일하고 싶은 상사의 비밀

1) Galinsky, A. D., Magee, J. C., Inesi, M. E., & Gruenfeld, D. H. (2006). Power and perspectives not taken. Psychological Science, 17(12), 1068-1074.
2) Blader, S. L., Shirako, A., & Chen, Y. R. (2016). Looking out from the top: Differential effects of status and power on perspective taking. Personality and Social Psychology Bulletin, 42(6), 723-737.
3) Ku, G., Wang, C. S., & Galinsky, A. D. (2015). The promise and perversity of perspective-taking in organizations. Research in Organizational Behavior, 35, 79-102.

6장 내 마음을 잃지 않고 재미있게 일하려면?

주말에 회사 근처에만 가도 오금이 저리는 이유

1) Meyer, D. E., & Schvaneveldt, R. W. (1971). Facilitation in recognizing pairs of words: evidence of a dependence between retrieval operations. Journal of Experimental Psychology, 90(2), 227-234.
2) Harris, J. L., Bargh, J. A., & Brownell, K. D. (2009). Priming effects of television food advertising on eating behavior. Health Psychology, 28(4), 404-413.
3) Bargh, J. A., Chen, M., & Burrows, L. (1996). Automaticity of social behavior: Direct effects of trait construct and stereotype activation on action. Journal of Personality and Social Psychology, 71(2), 230-244.
4) Lammers, J., Dubois, D., Rucker, D. D., & Galinsky, A. D. (2013). Power gets the job: Priming power improves interview outcomes. Journal of Experimental Social Psychology, 49(4), 776-779.

동료가 나보다 월급을 많이 받는지 궁금할 때

1) 김명진. (2022.03.29.). 기대수명 83.5세인데 인터넷만 34년… 온라인 세상 사는 한국인. 조선일보. Retrieved from https://www.chosun.com/national/national_general/2022/03/29/2MZ4SSXHK5GDRDPJOXRLULZOPM/
2) Festinger, L. (1954). A theory of social comparison processes. Human Relations, 7(2), 117-140.

3) Suls, J., & Wheeler, L. (2012). Social comparison theory. Handbook of Theories of Social Psychology, 1, 460-482.
4) 이성준, 이효성. (2016). SNS 에서의 개인의 사회비교 경험 유형 및 사회비교 지향성과 삶의 만족도 와의 관계에 관한 고찰. 한국콘텐츠학회논문지, 16(12), 574-590.

회사 욕은 하면 할수록 더 불행해진다?
1) Nolen-Hoeksema, S., Wisco, B. E., & Lyubomirsky, S. (2008). Rethinking rumination. Perspectives on Psychological Science, 3(5), 400-424.
2) Hilt, L. M., Aldao, A., & Fischer, K. (2015). Rumination and multi-modal emotional reactivity. Cognition and Emotion, 29(8), 1486-1495.

'다 내 탓이야'라고 생각하는 사람들의 심리
1) Lerner, M. J., & Simmons, C. H. (1966). Observer's reaction to the "innocent victim": Compassion or rejection?. Journal of Personality and Social Psychology, 4(2), 203-210.
2) Dalbert, C. (1998). Belief in a just world, well-being and coping with an unjust fate. In L. Montada, & M. Lerner(Eds.), Responses to victimizations and belief in the just world (pp. 87-105). New York, NY: Plenum.
3) Hafer, C. L., & Correy, B. L. (1999). Mediators of the relation between beliefs in a just world and emotional responses to negative outcomes. Social Justice Research, 12, 189-204.

혼자 모든 일을 감당하려고 하면 안 되는 이유
1) Langer, E. J., & Rodin, J. (1976). The effects of choice and enhanced personal responsibility for the aged: a field experiment in an institutional setting. Journal of Personality and Social Psychology, 34(2), 191-198.
2) Thompson, S. C , Cheek, P. R., & Graham, M. A. (1988). The other side of perceived control: Disadvantages and negative effects. In S. Spacapan & S. Oskamp (Eds.), The social psychology of health (pp.69-93). Newbury Park, CA: Sage.
3) Taylor, S. E., & Brown, J. D. (1988). Illusion and well-being: a social psychological perspective on mental health. Psychological Bulletin, 103(2), 193.
4) Wortman, C. B., Sheedy, C, Gluhoski, V., & Kessler, R. (1992). Stress, coping, and health: Conceptual issues and directions for future research. In. H. S. Friedman (Ed.), Hostility, coping, and health (pp.227-256). Washington, DC: American Psychological Association

높은 연봉 vs 가족과의 시간, 무엇을 택하는 게 좋을까?
1) 황상욱. (2021.12.20.). 청소년 2명 중 1명 "명품 구매한 적 있다". 부산일보. Retrieved from https://www.busan.com/view/busan/view.php?code=2021122014461712343
2) 통계청. (2023). 2023년 사회조사 결과. 대한민국 통계청. Retrieved from https://www.kostat.go.kr

3) Dittmar, H., Bond, R., Hurst, M., & Kasser, T. (2014). The relationship between materialism and personal well-being: A meta-analysis. Journal of Personality and Social Psychology, 107(5), 879-924.
4) Kasser, T., & Ahuvia, A. (2002). Materialistic values and well-being in business students. European Journal of Social Psychology, 32(1), 137-146.
5) Vansteenkiste, M., Neyrinck, B., Niemiec, C. P., Soenens, B., De Witte, H., & Van den Broeck, A. (2007). On the relations among work value orientations, psychological need satisfaction and job outcomes: A self-determination theory approach. Journal of Occupational and Organizational Psychology, 80(2), 251-277.

실패를 발판 삼아 성장하는 사람들의 원칙

1) Dweck, C. S., Chiu, C. Y., & Hong, Y. Y. (1995). Implicit theories and their role in judgments and reactions: A word from two perspectives. Psychological Inquiry, 6(4), 267-285.
2) Dweck, C. S., Hong, Y. Y., & Chiu, C. Y. (1993). Implicit theories individual differences in the likelihood and meaning of dispositional inference. Personality and Social Psychology Bulletin, 19(5), 644-656.
3) Berg, J. M., Wrzesniewski, A., Grant, A. M., Kurkoski, J., & Welle, B. (2023). Getting unstuck: The effects of growth mindsets about the self and job on happiness at work. Journal of Applied Psychology, 108(1), 152-166.

행복을 가져오는 직장 생활의 비밀

1) Ryan RM, Deci EL. (2017). Self-determination theory: Basic psychological needs in motivation, development, and wellness. New York, NY: Guilford
2) Ryan, R. (2009). Self determination theory and well being. Social Psychology, 84(822), 848.
3) Reis, H. T., Sheldon, K. M., Gable, S. L., Roscoe, J., & Ryan, R. M. (2000). Daily well-being: The role of autonomy, competence, and relatedness. Personality and Social Psychology Bulletin, 26(4), 419-435.
4) Andreassen, C. S., Hetland, J., & Pallesen, S. (2010). The relationship between 'workaholism', basic needs satisfaction at work and personality. European Journal of Personality: Published for the European Association of Personality Psychology, 24(1), 3-17.
5) Deci, E. L., Connell, J. P., & Ryan, R. M. (1989). Self-determination in a work organization. Journal of Applied Psychology, 74(4), 580-590.

효율적으로 일하고 유연하게 관계 맺고 싶은
당신을 위한 45가지 이야기

만화로 보는 심리 법칙

초판 1쇄 발행 2024년 9월 9일

지은이 강호걸
펴낸이 민혜영
펴낸곳 오아시스
주소 서울시 마포구 월드컵로 14길 56, 3~5층
전화 02-303-5580 | **팩스** 02-2179-8768
홈페이지 www.cassiopeiabook.com | **전자우편** editor@cassiopeiabook.com
출판등록 2012년 12월 27일 제2014-000277호

ⓒ강호걸, 2024
ISBN 979-11-6827-213-2 03180

이 책은 저작권법에 따라 보호받는 저작물이므로 무단 전재와 복제를 금하며,
책의 전부 또는 일부를 이용하려면 반드시 저작권자와 (주)카시오페아 출판사의
서면 동의를 받아야 합니다.

- 오아시스는 (주)카시오페아 출판사의 인문교양 브랜드입니다.
- 잘못된 책은 구입하신 곳에서 바꿔드립니다.
- 책값은 뒤표지에 있습니다.